まえがき

　英語であれ日本語であれ、言語というのは1つひとつの単語が連結されてある一定の意味をなすようにできています。つまり、どんな言語においても最も基本になるのは、1つひとつの単語であるということです。
　もちろん、英語のような外国語の勉強にあたって重要なことは、単語を覚えることだけではありません。言うまでもなく、文法の勉強も大変重要です。文法を勉強しなければ、個々の単語がそれぞれどのような関係性のもとに結びつき、1つの文章として意味を持つようになるのかということが理解できません。

　しかしながら、言語の基本構造である文法を完全に理解したとしても、1つひとつの文章を構成する個々の単語の意味が分からなければ、文章を理解することはできません。その意味では、特に英語のような外国語を勉強する場合には、まずは単語をできるだけ多く覚えることが何よりも重要になってきます。
　みなさんもご自身の過去の英語の勉強を振り返ってみられたとき、中学で英語の勉強を始めて以来、何よりも時間をかけて勉強されてきたのは英単語を覚えることだったのではないでしょうか。
　特に高校後半以降の大学受験時代には、英語の勉強といえば、『試験にでる英単語』（青春出版社）などの英単

日本人が必ず間違える英単語 100

三輪裕範

Discover
ディスカヴァー

語本を勉強することがその中心になっていた方も多いのではないかと思います。

なぜ日本人は、英文の意味が取れずに固まってしまうのか？

　そのような受験生の英単語学習への強い思いがあったからこそ、数ある受験参考書の中でも特にこうした英単語関連本が受験生のバイブル的存在になったのであり、このことからも、英単語を覚えることがいかに重要だったかということがお分かりいただけるかと思います。

　このように、これまで私たち日本人は英単語を1つでも多く覚えようと懸命に努力してきました。では、日本人はそのような英単語をどのような方法で覚えてきたのでしょうか。

　これについては、人によっては多少の違いがあるかもしれませんが、Aという英単語はBという日本語の意味になるという、「A＝B」という1対1方式で覚えてきた方が多いのではないでしょうか。

　もちろん、そうした単語の覚え方が必ずしも間違っているわけではありません。英語と日本語の単語は語源的にもまったく関係がありませんので、基本的には英単語の意味は丸暗記して覚えていくしかありません。

　そうした英語と日本語の違いを考えると、「英語A＝日本語B」という形で単語の意味を覚えていくのは、それなりに効率的な覚え方だったと言えると思います。

ただ、その一方で、こうした英単語の覚え方には大きな問題もあります。それは、このように英単語と日本語の意味を1対1で対応させて覚えてしまうと、自分が覚えている意味とは違った意味でその英単語が使われている場合、そこで思考停止に陥ってしまい、まったく手も足も出なくなってしまうことです。

　Aという英単語はBという日本語の意味であると、「A＝B」という形で意味を固定化して覚えてしまうと、その単語にそれ以外の意味があるということに想像力が働かなくなってしまいます。

実際の英語では、「第1の意味」以外で使われる方が多い!?

　実際、アメリカの新聞や雑誌で使われる時事英語や、アメリカ人の日常会話などにおいては、みなさんがよくご存じの英単語の多くが、みなさんが覚えていらっしゃる意味とはまったく違った意味で使われていることが非常に多くなっているのです。

　いや、むしろ実際の生きた英語では、みなさんが知らない意味で使われている英単語の方がはるかに多いと言っても過言ではありません。

　かりに、みなさんがよく覚えておられる英単語の意味を「第1の意味」だとすれば、これらは「第2の意味」ともいうべきものです。こうした英単語の「第2の意味」を覚えておくと、これまで理解できなかった英文が見違

えるように理解できるようになります。

　これまで、みなさんも英文を読んでいて、英単語の「第1の意味」しか知らなかったために、どんなに一生懸命考えても文意が通じないという経験をされたことがあったと思います。

　そんな場合には、そこで思考停止に陥ってしまい、それ以上なかなか英文を読み進めることができなくなってしまったのではないでしょうか。

　しかし、「第2の意味」を知っていれば、そんな英文についても、まるで霧が晴れたかのように文意が理解でき、スラスラと読み進めていくことができるようになります。

　本書では、みなさんがよくご存じの基本的な英単語を中心に、「この英単語にこんな意味があったとは知らなかった」と、みなさんがきっと驚かれるようなものばかりを100語集めてご紹介していきます。

　本書がみなさんの英文読解力向上のお役に立てることを、心から願っております。

2018年8月
三輪裕範

日本人が必ず間違える英単語100

contents

まえがき　2

第1章
この**動詞**にこんな意味があったとは

1	"buy" = "買う"？	13
2	"produce" = "生産する"？	16
3	"compromise" = "妥協する"？	20
4	"betray" = "裏切る"？	23
5	"allow" = "許す"？	27
6	"arrest" = "逮捕する"？	30
7	"check" = "チェックする"？	34
8	"own" = "所有する"？	37
9	"negotiate" = "交渉する"？	41
10	"throw" = "投げる"？	44
11	"carry" = "運ぶ"？	48
12	"maintain" = "維持する"？	51
13	"determine" = "決定する"？	54
14	"employ" = "雇う"？	57
15	"count" = "数える"？	60
16	"establish" = "確立する"？	63
17	"report" = "報告する"？	66
18	"swear" = "誓う"？	69
19	"succeed" = "成功する"？	72

20	"resign"="辞任する"?	75
21	"train"="訓練する"?	78
22	"develop"="発展する"?	81
23	"dispatch"="発送する"?	84
24	"condemn"="非難する"?	87
25	"fail"="失敗する"?	91
26	"locate"="置く"?	94
27	"gather"="集める"?	97
28	"pitch"="投げる"?	100
29	"take"="取る"?	103
30	"mean"="意味する"?	106

第2章
この**名詞**に こんな動詞の意味があったとは

31	"address"="住所"?	111
32	"trump"="トランプ"?	114
33	"sport"="スポーツ"?	117
34	"corner"="コーナー"?	120
35	"husband"="夫"?	123
36	"spell"="スペル"?	126
37	"weather"="天候"?	129
38	"scale"="規模"?	132
39	"spot"="点"?	135
40	"detail"="詳細"?	138
41	"level"="水準"?	141

42	"file"="ファイル"?	144
43	"root"="根"?	147
44	"comb"="くし"?	151
45	"railroad"="鉄道"?	154
46	"resort"="リゾート地"?	157
47	"fashion"="ファッション"?	160
48	"doctor"="医者"?	163
49	"champion"="優勝者"?	166
50	"merit"="利点"?	169
51	"signature"="サイン"?	172
52	"summary"="要約"?	176
53	"material"="材料"?	179

第3章

この形容詞にこんな意味があったとは

54	"wholesale"="卸売り"?	185
55	"measured"="計った"?	188
56	"qualified"="資格がある"?	191
57	"categorical"="カテゴリーの"?	194
58	"handsome"="ハンサム"?	197
59	"obscene"="わいせつな"?	200
60	"tentative"="仮の"?	204
61	"pregnant"="妊娠している"?	207
62	"philosophical"="哲学的な"?	210
63	"partial"="部分的な"?	213

64	"outstanding"="傑出した"？	216
65	"pedestrian"="歩行者の"？	219
66	"secular"="世俗的な"？	222
67	"acting"="活動する"？	225
68	"sketchy"="スケッチ風の"？	228
69	"foreign"="外国の"？	231
70	"stiff"="硬い"？	234
71	"shy"="恥ずかしがりの"？	237
72	"liberal"="リベラルな"？	240
73	"sick"="病気の"？	243
74	"smart"="頭がいい"？	246
75	"frequent"="頻繁な"？	249

第4章

この**名詞**にこんな意味があったとは

76	"status"="地位"？	255
77	"literature"="文学"？	258
78	"bromide"="ブロマイド写真"？	261
79	"labor"="労働"？	264
80	"campus"="大学のキャンパス"？	267
81	"beef"="牛肉"？	270
82	"reservation"="予約"？	273
83	"manner"="礼儀作法"？	276
84	"confidence"="自信"？	280
85	"leadership"="リーダーシップ"？	283
86	"democracy"="民主主義"？	287

87	"economy"="経済"?	290
88	"competition"="競争"?	293
89	"mannerism"="マンネリ"?	297
90	"optics"="光学"?	300
91	"function"="機能"?	303
92	"element"="要素"?	306
93	"chance"="機会"?	309
94	"item"="アイテム"?	312
95	"kick"="蹴る"?	315
96	"idea"="アイデア"?	318
97	"establishment"="設立"?	321
98	"image"="イメージ"?	325
99	"bearing"="ベアリング"?	328
100	"sport"="スポーツ"?	331

索引　334

第1章

この**動詞**に
こんな意味が
あったとは

本章では、みなさんがよくご存じの英語の動詞の中から、この動詞にこんな意味があったとは思いもよらなかったというものばかりをご紹介していきたいと思います。まさに"目からウロコが落ちる"ような動詞の意味ばかりです。

1
"buy" = "買う"?

Q 次のbuyはどんな意味になるでしょうか。

> She said she was sorry, but I don't <u>buy</u> it.

 ヒント

「彼女はごめんなさいと言ったが、私は＿＿＿＿ない」

解説

　みなさんは、"buy"という単語を見れば、条件反射的に"買う"という日本語を思い浮かべるのではないでしょうか。もちろん、それで正しい場合もあります。
　しかし、英米人とのビジネスの現場や日常会話で、さらには英字新聞や英文雑誌を読んでいるときにこの"buy"という単語に出会ったとしても、おそらくその十中八九は、みなさんの頭にすぐ浮かぶような"買う"という意味では使われていないのです。

　では、"buy"はいったいどういう意味で使われているのでしょうか。下記の用例はそうした"buy"の典型的な使われ方ですが、どういう意味かお分かりになりますか？

She said she was sorry, but I don't buy it.

　すでにお分かりの方もいらっしゃると思いますが、この"buy"は誰かの意見や見解に対して"〜を信じる"、"〜に賛成する"、"〜に賛同する"という意味になるのです。
　つまり、"buy"は"believe"とほとんど同じ意味になります。
　ということで、前記の用例は、"彼女はごめんなさいと言ったが、私は信じない"という意味になるわけです。

アメリカ人と議論していると、"I don't buy your argument."（あなたの意見には賛成できない）などと言われることがあります。そんな場合、彼らは必ずそのあとに"because ～"というように、なぜ賛成できないのか、とにかくその理由を述べようとします。

　しかし、その理由に説得力がなく、ただ感情だけで反対していると思われるようなケースもよくあります。そんな場合には、これを逆手にとって、"I don't buy your argument either."と切り返すと効果的でしょう。

　ただし、そんな場合でも、なぜ相手の意見に賛成できないのかということについて明確に言うことが重要ですので、"because ～"以下でしっかりその理由を挙げることが大切です。

A

「彼女はごめんなさいと言ったが、私は__信じ__ない」

2

"produce" = "生産する"?

Q 次のproduceはどんな意味になるでしょうか。

> When you come up to a passport-check counter at an airport, you should expect to be asked to <u>produce</u> your passport.

ヒント

「空港の出入国カウンターに行ったら、パスポートを_____しないといけません」

解説

　"produce"という単語を見たとき、みなさんはきっと、"何かを作り出す"、"生産する"という意味を思い浮かべるのではないでしょうか。もちろん、それで間違いではありません。今でも、この単語はその意味で用いられることが多いことは確かです。
　しかし、そうした基本的な意味と同様に、この単語の意味として非常によく使われるものがもう1つあります。
　では、それがどんな意味で使われているのか、まずは下記の用例をご覧いただくことにしましょう。

When you come up to a passport-check counter at an airport, you should expect to be asked to produce your passport.

　いかがでしょうか。この用例のように、空港のパスポート・チェックの係員から"produce your passport"と言われても、その場でパスポートを"作る"ことなどできないのですから、これが"produce"の普通の意味で使われていないことはお分かりいただけると思います。
　そうなのです。実は"produce"には、"作る"、"生産する"という意味のほかに、"提示する"、"取り出して示す"という意味があるのです。

つまり、前記の用例は、"空港のパスポート・チェック・カウンターに行くときには、パスポートの提示を求められると思っていた方がよい"という意味になるわけです。

　アメリカではいろいろな機会に、運転免許証やパスポートなどの身分証明書（ID）の提示を求められます。たとえば、アメリカでは白人警官が運転をしている黒人などを挙動不審だとして止め、それが警官による暴行事件につながることもしばしばあります。
　そうした際に、警官が運転者にまず求めるのが免許証の提示なのです。

　次の文章は、そんな事件を報道した「ニューヨーク・タイムズ」（2015年7月29日）の記事から取ったものですが、警官は運転者にまず免許証の提示を求めています。そして、そこにこの"produce"という単語が使われているのです。

On the video, Officer Tensing repeatedly asks Mr. Dubose to produce a driver's license.
Mr. Dubose says several times that he has one, before acknowledging that it is not with him.
　（ビデオには、テンシング警部がデュボース氏に対して繰り返し運転免許証の提示を求めている姿が映っている。
　デュボース氏は何度も持っていると言い張ったが、最

後には持っていないことを認めた）

　また、日本では考えられないことですが、アメリカでは誰かと面談するためにその人がいるビルまで出向くと、1階の受付で係の人から"Produce your ID, please."と身分証明書の提示を求められることがあります。

　実際、私も最初にこの言葉を言われたときには、"この場で自分の身分証明書を作れとは、いったいどういう意味なのだろうか"と困惑したことがありました。

　しかし、私の困惑する顔を見て、その係の人が"Show me your passport"と言い直してくれたので、ようやくその意味が分かったのでした。

A

「空港の出入国カウンターに行ったら、パスポートを __提示__ しないといけません」

3

"compromise" = "妥協する"?

Q 次のcompromiseはどんな意味になるでしょうか。

> The leak to the media put our nation's military secrets at risk and <u>compromised</u> our national security.

ヒント

「メディアに情報が漏れたことはわが国の軍事機密を危機にさらし、わが国の安全保障を＿＿＿＿＿ことになった」

解説

　"compromise"という単語を見れば、条件反射的に"妥協する"という意味を思い浮かべるという方が多いのではないでしょうか。

　しかし、英文雑誌や英字新聞を読んでいてこの単語に出会ったとしても、みなさんが通常思い浮かべる"妥協する"という意味で使われることはあまりありません。

　もちろん、"妥協する"という意味で使われる場合もあるのですが、それよりもはるかに多い頻度で使われるのが、次の用例のような意味なのです。

The leak to the media put our nation's military secrets at risk and compromised our national security.

　いかがでしょうか？　用例中の"compromise"を、通常使われている"妥協する"という意味に解釈しては、文章全体の意味は理解できませんよね。

　それも当然のことで、実はこの"compromise"は"損なう"、"損害を与える"、"傷つける"といった意味で使われているのです。

　ということで、この用例の意味は、"メディアに情報が漏れたことはわが国の軍事機密を危機にさらし、わが国の安全保障を損なうことになった"ということになる

わけです。

　実際、新聞や雑誌、さらにはテレビなどのメディアで"compromise"が使われるときには、"妥協する"という意味で使われることはむしろ例外的であり、"損なう"、"傷つける"という意味で使われるのが一般的です。

　次の用例なども、"compromise"が"損なう"、"傷つける"という意味で、うまく使われています。

The cancer caused him to juggle work responsibilities with treatment that compromised his immune system.
（彼はガンになったため、仕事の合間を縫って治療をしなければならなくなったが、そのガンの治療は彼の免疫システムを傷つけることになった）

A

「メディアに情報が漏れたことはわが国の軍事機密を危機にさらし、わが国の安全保障を　損なう　ことになった」

4
"betray" = "裏切る"?

Q 次のbetrayはどんな意味になるでしょうか。

> Trump's words betray indecency toward parents grieving the loss of their son.

「トランプの言葉は息子を亡くしたことを深く悲しむ両親に対して、彼がいかに不作法であるかを_____」

解説

　"betray"という単語も、なかなかのくせ者です。おそらく、"betray"は"裏切る"という意味で記憶されている方が多いのではないかと思いますが、実際の英文雑誌や新聞の記事では、"裏切る"という意味で使われることはあまりありません。

　では、実際の生きた英語では、"betray"はどのような意味として使われているのでしょうか。

　まずは次の用例をご覧いただきたいと思いますが、この"betray"は"裏切る"という、みなさんご存じの意味とはまったく違った意味で使われているのです。

　少し難しいかもしれませんが、一度解読にトライしてみてください。

Trump's words betray indecency toward parents grieving the loss of their son.

　いかがでしたでしょうか。少し難しい語句がありますので、簡単にご説明しておきましょう。

　"indecency"は"不作法"のことで、"grieve"は"深く悲しむ"、"悲嘆にくれる"という意味です。そして、"loss of their son"というのは、"息子を亡くすこと"という意味です。

　これで文の大意はお分かりいただけたかと思います

が、問題は"betray"の意味をどう解釈するかです。

　正解を申し上げますと、この"betray"は"裏切る"とはまったく関係なく、"示す"、"表す"、"露呈する"という意味なのです。

　すなわち、前記用例は、"トランプの言葉は息子を亡くしたことを深く悲しむ両親に対して、彼がいかに不作法であるかを示している"という意味になるわけです。

　ということで、"betray"は基本的に"show"と同じ意味だとお考えいただければいいのですが、ここで1つだけ注意していただきたいことがあります。

　それは、"show"と"betray"はどちらも"〜を示す"という意味で使われるのですが、その使われ方には多少の違いがあることです。

　具体的には、"show"の場合は、そのあとに"示す"内容は良いことでも悪いことでもどちらでも可能であり、ある意味で価値中立的であると言えます。

　その一方、"betray"の場合は、そのあとに来るものが、基本的には否定的あるいは悪いことを示す内容になることが多いのです。

　なお、"betray"には"示す"、"裏切る"という意味のほかに、"betray a secret"という表現があるように、"(秘密などを)漏らす"、"密告する"という意味でもしばしば使われますので、これもぜひこの機会に覚えていただければと思います。

考えてみれば、秘密を漏らしたり、密告したりすれば、それは誰かを裏切ることになるわけですから、**"betray"** の意味として"秘密などを漏らす"、"裏切る"の2つが入っていても不思議ではないですよね。

A

「トランプの言葉は息子を亡くしたことを深く悲しむ両親に対して、彼がいかに不作法であるかを　示している　」

5
"allow" = "許す"?

Q 次のallowはどんな意味になるでしょうか。

I have to <u>allow</u> that money causes problems in marriage, often resulting in divorce.

💡 ヒント

「お金の問題が結婚ではさまざまな問題を生じさせ、それがしばしば離婚に結びつくということを、私も_____なければならない」

解説

　"allow"という単語については"～を許す"、"～を許可する"という意味で記憶されている方が多いのではないでしょうか。

　しかし、残念ながら、それだけでは十分ではありません。"allow"には、それ以外にも非常によく使われるもう1つの重要な意味があるのです。

　では、それがどんな意味で使われているのか、用例を見ていただくことにしましょう。

I have to allow that money causes problems in marriage, often resulting in divorce.

　念のため簡単に語句のご説明をしておきますと、"cause"は"～を引き起こす"、"～の原因になる"という意味です。それから、"result in"は"～という結果になる"ということで、"divorce"は"離婚"のことです。

　これでだいたいの文意はお分かりいただけたのではないかと思いますが、一番の難関は"allow"の意味をどう理解するかです。全体の文章の意味から考えて、これが通常の"～を許す"、"～を許可する"という意味でないことはご理解いただけると思います。

では、この"allow"はどういう意味なのでしょうか。実は、この"allow"は、"〜を真実として認める"という意味なのです。特に英文雑誌や新聞などでは、"allow"が"〜を真実として認める"という意味で使われている記事にしばしば遭遇します。

　ということで、前記の用例は、"お金の問題が結婚ではさまざまな問題を生じさせ、それがしばしば離婚に結びつくということを、私も認めなければならない"という意味になるわけです。

　なお、このような物事を"真実であるとして認める"という意味の"allow"の類義語としては、"admit"，"accept"，"concede"などがあり、"allow"とほぼ同じ意味で使われています。

A

「お金の問題が結婚ではさまざまな問題を生じさせ、それがしばしば離婚に結びつくということを、私も　認め　なければならない」

6
"arrest" = "逮捕する"?

Q 次のarrestはどんな意味になるでしょうか。

> Arguing that a cooperative United States-China relationship is essential to global stability and peace, he warns that if a cold war were to develop between the countries, it would <u>arrest</u> progress for a generation on both sides of the Pacific.

 ヒント

「彼は協力的な米中関係は世界の安定と平和にとって不可欠であるとして、もし両国の間で冷戦になれば、太平洋の両岸にある両国で、一世代の間、進歩を_____ことになるだろうと警告している」

解説

　学校教育や受験勉強では、"arrest"="逮捕する"と条件反射的に覚えた方が多いのではないでしょうか。

　ストレートニュースが多い日本の新聞記事では、"誰々が逮捕された"という文章がよく出てきますが、分析や評論に重点を置いた欧米の新聞や雑誌記事では、"誰々が逮捕された"という事実だけを報道してもあまり評価されないためか、"逮捕する"という意味で"arrest"に出くわすことはそれほど多くありません。

　それでは、"arrest"はあまり使われないのかというと、もちろんそんなことはありません。今でも大変よく使われている単語です。ただ、それは、みなさんが覚えていらっしゃるのとは違う意味で用いられているのです。
　では、それはいったいどういう意味で用いられているのでしょうか。次の用例をご覧いただきたいと思います。

Arguing that a cooperative United States-China relationship is essential to global stability and peace, he warns that if a cold war were to develop between the countries, it would arrest progress for a generation on both sides of the Pacific.

　いかがでしょうか。まず用例の語句から簡単にご説明

しておきますと、"cooperative"は"協力的な"、"友好的な"という意味、"essential"は"不可欠な"という意味、そして、"global stability and peace"は"世界の安定と平和"という意味です。

それから、"cold war"は"冷戦"、"on both sides of the Pacific"は"太平洋の両岸"、つまりこの用例では「米中両国」という意味になります。

あと残る問題は"arrest"の意味だけになりましたが、お分かりになりましたか？

正解は、この"arrest"は"〜を止める"、"〜を制止する"という意味なのです。"stop"と基本的には同じ意味と考えていただければよいでしょう。

ということで、前記用例は、"彼は協力的な米中関係は世界の安定と平和にとって不可欠であるとして、もし両国の間で冷戦になれば、太平洋の両岸にある両国で、一世代の間、進歩を止めることになるだろうと警告している"という意味になるわけです。

なお、"arrest"のあとに来る名詞としては、前記用例のように"progress"（進歩）のような良いものでも、"crisis"（危機）のような悪いものでもどちらでも可能です。

また、このように、"arrest"には"止める"という意味があることから、"arrest"は"人の目を引く"という意味にも使われています。

32 ｜第1章｜この動詞にこんな意味があったとは

したがって、ふと目にした女性（男性）が大変美しく、目を奪われた場合などには、"She(He) is arrestingly beautiful." と言うことができます。

A

「彼は協力的な米中関係は世界の安定と平和にとって不可欠であるとして、もし両国の間で冷戦になれば、太平洋の両岸にある両国で、一世代の間、進歩を＿止める＿ことになるだろうと警告している」

7
"check" = "チェックする"?

Q 次のcheckはどんな意味になるでしょうか。

> Government has called upon health officials to check the spread of the epidemic disease.

ヒント

「政府は保健衛生関係者に対して、感染症の広がりを＿＿＿＿＿＿ように要請した」

解説

　英文の中で"check"という単語を見ると、普通は日本語としても一般に使われている"チェックする"、"確認する"、"調べる"という意味を思い浮かべる方がほとんどではないでしょうか。
　しかし、"check"には、それと同じぐらいの頻度で使われるもう１つの重要な意味があるのです。

Government has called upon health officials to check the spread of the epidemic disease.

　いつものように、語句から簡単に説明しておきますと、"call upon"というのは"〜に要求する"、"〜に求める"という意味で、非常によく使われる句動詞（phrasal verb）です。
　それから、"health officials"というのは"保健衛生関係の役人"のことで、"spread of the epidemic disease"とは"感染症の拡大"のことです。
　さて、あとに残るのは"check"の意味だけですが、"感染症の拡大"を"check"するとはどういう意味なのでしょうか。実は、この"check"は"〜を阻止する"、"〜を止める"という意味で、前項で取り上げた"arrest"とほぼ同じ意味なのです。
　ということで、前記用例は、"政府は保健衛生関係者

に対して、感染症の広がりを阻止するように要請した"という意味になります。

用例では"check the spread"となっていますが、これは、"prevent the spread", "stop the spread", "arrest the spread"などと言い換えることができます。

なお、"check"に"〜を阻止する"という意味があることを知って驚かれた方も多いと思いますが、よく考えてみると、実はほとんどの方が"check"にそういう意味があることをご存じのはずなのです。

というのも、みなさんは中学や高校の社会や公民の授業で「三権分立」について学習されたと思いますが、これに関連して、"抑制と均衡"という概念があることをお聞きになったと思います。

実は、この"抑制と均衡"というのは、英語の"checks and balances"を訳したもので、まさに"check"="抑制する"、"阻止する"ということだったのです。

A

「政府は保健衛生関係者に対して、感染症の広がりを　阻止する　ように要請した」

8
"own" = "所有する"?

Q 次のownはどんな意味になるでしょうか。

> She was defeated badly in the last election. She has to own it.

ヒント

「彼女は前回の選挙でひどく負けてしまったのだから、それを_____なければならない」

解説

　"own"という単語も少しトリッキーです。おそらく、みなさんも、動詞としては、"own" = "所有する"、また形容詞としては、"own" = "自身の"、"独自の"という意味で覚えておられるのではないでしょうか。

　もちろん、"own"はそうした意味でも非常によく使われていますが、"own"には、これらの意味以外にも、すぐには思いつきそうもない重要な意味があるのです。

　下記の用例をご覧ください。

She was defeated badly in the last election. She has to own it.

　語句については特に難しいものはないかと思いますが、念のため、簡単に説明しておきますと、まず"defeated badly"は"ひどく負ける"ということです。

　なお、"badly"は文字どおりに訳せば"悪く"という意味ですが、そうした文字どおりの意味ではなく、物事の程度などが"ひどく"、"激しく"といった意味で用いられることがしばしばあります。それから、"in the last election"というのは、"前回の選挙で"という意味です。

　ということで、問題は文章の最後の"has to own it"だけとなりました。用例の最初の文章の意味から考えると、この"own"が"所有する"という通常の意味でな

いことは明らかですよね。

　正解を申し上げますと、実はこの"own"は"〜を認める"という意味なのです。ほかの単語で言えば、多少ニュアンスの違いはありますが、"admit", "concede", "accept", "acknowledge", "agree", "confess"などといった単語とだいたい同じ意味になります。

　ということで、用例は、"彼女は前回の選挙でひどく負けてしまったのだから、それを認めなければならない"という意味になるわけです。

　実際、英文雑誌や新聞などの時事英語では、"own"が"〜を認める"という意味で使われることは非常に多くなっています。"own"という単語が動詞として出てきて、それが"所有する"という一般的な意味でない場合は、かなりの確率で、"認める"という意味で使われていると考えていいでしょう。

　ただ、厄介なことに、"own"には"所有する"、"認める"という意味のほかにもう1つ、みなさんがあまりご存じでない重要な意味があるのです。では、それはどんな意味なのでしょうか。次の新聞の見出しをご覧ください。

How Marco Rubio owned Jeb Bush in Wednesday's GOP debate　　　(Washington Post, 10/28/2015)

さて、この見出しに使われている"own"の意味がお分かりになりましたでしょうか。

　これは前回のアメリカ大統領選で、共和党（GOP）が大統領候補選びの一環として候補者間で討論会を開催したときの新聞記事の見出しから取ったものです。そのときの候補者の一人であったマルコ・ルビオが同じく候補者の一人であったジェブ・ブッシュを"own"したと書いていますが、これはいったい、どういう意味なのでしょうか。

　どうも、この場合の"own"は"所有する"でも、"認める"という意味でもなさそうです。

　実は、ここでの"own"は、"〜を打ち負かす"という意味で使われているのです。"own"には、特に議論や競技などで相手を徹底的に打ち負かす（utterly defeat）という意味があり、まさにこの見出しにはピッタリの単語だと言えるでしょう。

A

「彼女は前回の選挙でひどく負けてしまったのだから、それを ＿＿認め＿＿ なければならない」

9
"negotiate" = "交渉する"?

Q 次のnegotiateはどんな意味になるでしょうか。

> I negotiated my way out of the traffic jam in the city center.

 ヒント

「私は街中の交通渋滞を____ことができた」

解説

　"negotiate"という単語は"交渉する"という意味で使われる場合が多いのですが、このほかにもう1つ覚えておいていただきたい重要な意味があります。

　では、それはどんな意味なのか、まずは次の用例をご覧いただきましょう。

I negotiated my way out of the traffic jam in the city center.

　どうでしょうか。この用例で"negotiate"がどういう意味で使われているかお分かりになりましたでしょうか。少なくとも、みなさんが日ごろ慣れ親しんでいる"交渉する"という意味でないことは何となく感じていただけたのではないでしょうか。

　語句については特に難しいものはないと思いますが、1つだけ補足しておきますと、"traffic jam"というのは"交通渋滞"のことです。

　あとは、"negotiate my way out of"の部分をどう訳すかですが、この"negotiate"を通常の"交渉する"という意味に理解しては文意が通じませんよね。

　それも当然で、実はこの"negotiate"には、"～をうまく切り抜ける"、"～を克服する"という意味があるの

です。ほかの単語でいえば、"navigate", "overcome", "clear", "get around", "get over" などが、それに近い意味だと言えます。

ということで、"negotiate" にこのような意味があることが分かれば、上記用例は、"私は街中の交通渋滞をうまく切り抜けることができた" という意味であると理解できるわけです。

みなさんが英文を読んでいて、"negotiate" という単語が出てきたとき、もし "交渉する" という一般的な訳語では意味が通じない場合は、その多くは、このような "〜をうまく切り抜ける"、"〜を克服する" という意味で使われていると言っていいでしょう。

A

「私は街中の交通渋滞を　うまく切り抜ける　ことができた」

10
"throw" = "投げる"?

Q 次のthrowはどんな意味になるでしょうか。

> <u>Throwing</u> an event can seem like a daunting task, but there are certain steps you can take to ensure that your event is a successful one.

ヒント

「イベントを_____ことは大変な仕事のように思えるが、イベントを成功させるために踏むべき確実なステップというものがあるのだ」

解説

　"throw"といえば"投げる"という意味に決まっているではないかと思われる方が多いのではないかと思いますが、実はこの単語もなかなか奥が深いのです。
　"throw"が"投げる"という意味で使われる場合というのは、やはりスポーツなどの、肉体の動きに関する記事が中心になります。

　では、英文雑誌や新聞で"throw"という単語は使われないのかというと、もちろん、そんなことはありません。むしろ非常によく使われる単語の１つだと言ってもいいくらいです。
　では、"throw"という単語はどんなときに、どんな意味で使われるのか、まず下記の用例を見ていただくことにしましょう。

Throwing an event can seem like a daunting task, but there are certain steps you can take to ensure that your event is a successful one.

　"throw"は冒頭のところで出てきますが、"throw an event"とはどういう意味なのでしょうか？
　実は、この場合の"throw"は、"〜を開催する"という意味で使われているのです。つまり、先ほどの用例

は、"イベントを開催することは大変な仕事のように思えるが、イベントを成功させるために踏むべき確実なステップというものがあるのだ"という意味になるわけです。

　こうした意味で"throw"が使われることは非常に多く、"throw an event"のほかにも、"throw a party"、"throw a conference"などという表現もよく出てきます。

　このように、"throw"には"投げる"という意味以外に、"〜を開催する"という意味があることをご紹介しましたが、"throw"にはこれ以外にもう１つ非常に重要な意味があるのです。以下の用例をご覧ください。

Mr. Trump struggled to answer the substance of Mrs. Clinton's criticism, and often appeared <u>thrown</u> by her attacks.
(New York Times, 9/27/2016)

　これは、ドナルド・トランプとヒラリー・クリントンの両候補の間で戦われた2016年のアメリカ大統領選に関する記事の一部から取ったものです。

　第１回目の大統領候補討論会で、クリントンがトランプを批判したことに対して、トランプが意味のある反論ができず、たじたじとなったことを伝えた場面です。

問題の"throw"は、ここでは"thrown by her attacks"という過去分詞形で出ていますが、この"throw"は"投げる"という意味でも"開催する"という意味でもありませんよね。実は"thrown by her attacks"で"彼女の攻撃に面食らった"という意味になるのです。

　つまり、この"throw"は"～を面食らわせる"、"～を狼狽させる"、"～を動揺させる"という意味なのです。

　この意味の"throw"もよく使われますので、ぜひこの機会に覚えておいてください。

A

「イベントを　開催する　ことは大変な仕事のように思えるが、イベントを成功させるために踏むべき確実なステップというものがあるのだ」

11
"carry" = "運ぶ"?

Q 次のcarryはどんな意味になるでしょうか。

> Trump carried important states in the South in the presidential election.

ヒント

「トランプは大統領選において、南部の重要な州で_____」

解説

　"carry"という動詞にも、みなさんがすぐに思い浮かべられる"〜を運ぶ"という意味のほかに、いくつかの重要な意味があります。

　まず第1は、たとえば"Trump carried important states in the South in the presidential election."（トランプは大統領選において、南部の重要な州で勝利した）というような文章で使われるように、"carry"には"選挙戦などの戦いで勝つ"という意味があります。

　アメリカ大統領選挙の場合、基本的には州ごとの戦いとなり、その州で1票でも多くの得票をした方がその州を制して（carry）、大統領選挙人を総取りするという形になります。

　そうしたことから、本番の大統領選挙の新聞やテレビの報道では、「どの候補がどの州を"carry"したか」ということに焦点が当てられますので、選挙では"carry"という単語が頻繁に使われます。

　それからもう1つ、"carry"という単語がよく使われるケースがあります。それは、テレビや新聞などのメディアがニュースを放送したり、あるいは記事にして掲載したりするという意味で使われるときです。

　たとえば、"ニューヨーク・タイムズは9.11事件を詳細に報道した"ということを英文にしようとすれば、

"The New York Times carried the detailed account of 9.11." と書くことができます。

　それから、最後にもう1つ、"carry" の意味としてよく使われるものをご紹介しておきたいと思います。
　それは、上記のような政治やメディア報道などとはまったく関係がなく、みなさんが日常生活で買い物をしたりするときなどに使われるものです。

　たとえば、商店で自分が買いたいものが実際にその店で売られているのかどうか分からないときなどに、そこの店員に対して、"Do you carry XYZ?"（こちらのお店ではXYZという商品を取り扱っていますか）と、"carry" を使って聞くのです。
　買い物には欠かせない非常に便利な単語ですので、機会があればぜひ一度使ってみてください。

A

「トランプは大統領選において、南部の重要な州で　勝利した　」

12
"maintain" = "維持する"?

Q 次のmaintainはどんな意味になるでしょうか。

Trump maintains that America should not join T.P.P. because it hurts American workers.

ヒント

「TPPはアメリカの労働者のためにならないということを理由に、アメリカはTPPに参加すべきでないとトランプは＿＿＿＿＿＿＿」

解説

　"maintain"にはその派生語として"maintenance"という名詞がありますが、この"メンテナンス"という言葉は"維持管理"という意味として、今や立派な日本語になっています。

　そのため、そのもとになっている"maintain"という動詞についても"維持する"という意味で覚えておられる方が多いのではないかと思います。

　ただ、"maintain"には"維持する"という意味以外にも非常によく使われるもう1つの重要な意味があるのです。たとえば次のような用例です。

Trump maintains that America should not join T.P.P. because it hurts American workers.

　みなさんもよくご存じのように、トランプ大統領は大統領に就任する前から、TPPにアメリカが参加することに強く反対してきました（その後、実際にアメリカはTPPから離脱しました）。

　上記の用例は、そうしたトランプ大統領のTPPに対する考え方を述べたものですが、この用例で使われている"maintain"の意味は、みなさんにとってなじみの深い"維持する"という意味ではなさそうです。

　実際そのとおりで、ここで使われている"maintain"は、

"〜を主張する"、"〜を断言する"という意味で使われているのです。

つまり、"TPPはアメリカの労働者のためにならないということを理由に、アメリカはTPPに参加すべきでないとトランプは主張している"という意味になるわけです。

なお、"主張する"、"断言する"という意味での"maintain"の類似語としては、"assert", "allege", "advocate", "argue", "claim", "insist"などがあります。

これらの類似語に負けず劣らず、"maintain"もそうした意味でよく使われますので、ぜひ覚えていただければと思います。

A

「TPPはアメリカの労働者のためにならないということを理由に、アメリカはTPPに参加すべきでないとトランプは 主張している 」

13
"determine" = "決定する"?

Q 次のdetermineはどんな意味になるでしょうか。

> We determined that we have a material weakness in our internal control over financial reporting.

「私たちは会計報告に関する内部管理に重大な弱点があると_____」

解説

　"determine" という単語も、みなさんよくご存じだと思いますが、多くの方はその意味を "決定する" という訳語と一緒に覚えられているのではないでしょうか。

　しかし、"determine" の訳語として "決定する" という意味だけを覚えていると、どうも意味が通じないという英文に必ず出くわすことになります。

　実際、私自身も以前ある英文記事を読んでいるとき、"determine" に "決定する" 以外の意味があることにまったく思い至らず、いくらその記事を読んでも理解できないことがありました。

　では、"determine" は "決定する" という意味以外に、どのような使われ方をしているのでしょうか。

We determined that we have a material weakness in our internal control over financial reporting.

　まず、"that" 以下の文章の意味について簡単に説明しておきますと、"material weakness" というのは "重大な弱点" という意味です。"material" も複数の意味をもつ形容詞で、みなさんがよくご存じの "物質的な" という意味のほかにも、"重大な" という意味があります。

　また、"internal control" というのは、企業などにおける "内部管理" のことで、"financial reporting" とは "会

計報告"のことです。

　これで"that"以下の文章の意味はだいたいお分かりいただけたかと思いますが、問題は冒頭にある"determine"の意味です。

　実は、この"determine"には"決定する"以外の重要な意味として、"判断する"、"見つけ出す"という意味があるのです。

　つまり、上記の文章は"私たちは会計報告に関する内部管理に重大な弱点があると判断した"という意味になるわけです。

　学校では、"判断する"は"judge"と習ったとおっしゃる方もいるかもしれません。

　もちろん、それで正しいのですが、この"judge"という単語は、法律や裁判関係で使われることが多く、上記のような一般的な事例の場合は、"determine"や"decide"などの方がより多く使われています。

「私たちは会計報告に関する内部管理に重大な弱点があると　判断した　」

14
"employ" = "雇う"?

Q 次のemployはどんな意味になるでしょうか。

> We need to employ fresh thinking in solving these kinds of problems.

 ヒント

「これらの問題を解決するためには、私たちは新しい考え方を＿＿＿＿＿＿必要がある」

解説

　"employ"という単語も、英文雑誌や新聞の文章では非常によく使われます。

　もっとも、みなさんには、"employ"は動詞としてよりも、その派生語である名詞形の"employment"（雇用）、"employer"（雇用主）、"employee"（従業員）の方がよりなじみ深いかもしれませんね。

　実際の英文では、"employ"は"雇う"という意味で使われることよりも、それとは別の意味で使われることの方がはるかに多くなっています。

　では、それはどのような意味として使われているのか、次の用例をご覧いただくことにしましょう。

We need to employ fresh thinking in solving these kinds of problems.

　この文章の中の"employ fresh thinking"という部分ですが、これを"新しい考え方を雇用する"と訳したのでは、まったく意味が通じません。

　実は、"employ"は"雇用する"という意味で使われることよりも、"〜を用いる"、"〜を使う"、"〜を採用する"という意味で使われることの方がはるかに多いのです。

　別の単語で言い換えれば、"use"、"utilize"、"adopt"、

"make use of"などがそれにあたります。つまり、上記の文章は、"これらの問題を解決するためには、私たちは新しい考え方をする（使用する）必要がある"という意味になるわけです。

　私たち日本人は"employ"という単語を見たら、どうしてもすぐに"雇う"という訳語が反射的に思い浮かんでしまいます。しかし、そこはグッとこらえて、まずは、いま自分が読んでいる英文が人を雇うことに関するものかどうかを考えていただきたいと思います。
　もしそうでなければ、そこでの"employ"は"雇う"ではなく、"使用する"や"用いる"という意味で使われている確率が高いといえるでしょう。

A

「これらの問題を解決するためには、私たちは新しい考え方を　する（採用する）　必要がある」

15
"count" = "数える"?

Q 次のcountはどんな意味になるでしょうか。

> If you start the project you mentioned yesterday, count me in.

 ヒント

「もしきみが昨日話していたプロジェクトを開始するのなら、私も_____」

解説

 さて、次は"count"という単語について考えてみましょう。"count"については、日本語でも"〜をカウントする"という言い方があるように、"数を数える"という意味で理解されている方が多いのではないでしょうか。

 もちろん、英語でも"count"の第一義が"数える"という意味であることは間違いありません。ただ、厄介なことに、"count"にはこれ以外にも2つの重要な意味があり、しかもそれらが第一義の"数える"という意味以上に頻繁に使われているのです。

 では、まず最初の用例を読んでいただくことにしましょう。

If you start the project you mentioned yesterday, count me in.

 この文章の前半部分については、"もしきみが昨日話していたプロジェクトを開始するのなら"という訳になることはお分かりになるかと思いますが、問題は後半の"count me in"という部分です。

 この"count"を通常の"数える"という意味に解して、"私も中に数えてくれ"と訳すと、何かしっくりこないですよね。

実は、ここで使われている"count"は"数える"という意味ではなく、"～に含める"という、"include"と同じ意味なのです。
　したがって、前記の用例は、"もしきみが昨日話していたプロジェクトを開始するのなら、私も入れてよ"という意味になるわけです。

　"count"がよく使われるもう1つの重要な意味は、"～は重要である"、"～は価値がある"という意味です。
　たとえば、選挙での投票を呼びかけるときなどに、"Your vote counts."（あなたの1票は重要です）と言ったりしますが、まさにこのときの"counts"がその意味になります。
　なお、"～は重要である"という意味の"count"の同義語には"matter"があります。
　"Your participation matters."（あなたの参加が重要です）などという文章のように、"count"と"matter"は同じような使われ方をします。これもぜひ覚えておいてください。

A

「もしきみが昨日話していたプロジェクトを開始するのなら、私も　入れてよ　」

16
"establish" = "確立する"?

Q 次のestablishはどんな意味になるでしょうか。

> We have no information at this moment that would establish that the athlete used steroids.

 ヒント

「現時点で私たちには、その選手がステロイドを使ったことを＿＿＿＿＿＿情報がない」

解説

　みなさんは、"establish"を"確立する"、"設置する"、"創業する"などという意味で覚えておられるのではないでしょうか。

　たしかに、新たに会社や学校をつくったり、法律や制度を制定したりするときにこの"establish"という単語が使われますので、"確立する"、"設置する"、"制定する"という意味を覚えておくのは非常に大切です。

　最近では、お店の看板などにも"創業1989年"という意味で"established"の略語である"est."を使って、"est. 1989"などと書かれているのを見かけることもあります。

　しかし、残念ながら、このような基本的な意味を覚えているだけでは十分ではないのです。

　"establish"には、このほかにもう１つ、非常によく使われるたいへん重要な意味があります。

We have no information at this moment that would establish that the athlete used steroids.

　さあ、いかがでしょうか。文章の前半については、それが"現時点では私たちに情報はない"という意味になることはお分かりになるかと思いますが、問題は"that would establish that"という部分です。

2つ目の"that"以下の意味は"その選手がステロイドを使った"ということですが、そのことを"establish"するとはどういう意味なのでしょうか。

　実は、ここで使われている"establish"は、"～を証明する"、"～を立証する"という意味になるのです。別の英単語でいえば、"prove", "demonstrate", "show", "verify"などがそれに近いと言えるでしょう。

　というわけで、前記の用例は、"現時点で私たちには、その選手がステロイドを使ったことを証明する情報がない"という意味になるのです。

　この意味での"establish"は、英文雑誌や新聞などの記事だけでなく、ビジネス上の文章やメールのやり取りなどでも非常によく使われますので、ぜひ、使いこなせるようになっていただきたいと思います。

A

「現時点で私たちには、その選手がステロイドを使ったことを　証明する　情報がない」

17
"report" = "報告する"?

Q 次のreportはどんな意味になるでしょうか。

I would like to know who I should <u>report</u> to.

ヒント

「私は、誰の_____べきかを知りたいものだ」

解説

　みなさんよくご存じのとおり、"report" という単語の基本的な意味は "報告する"、"報道する" ということです。ただ、これが "report" という単独の単語ではなく、"report to" と "to" が後に続いた場合には、その意味が大きく変わってきます。

I would like to know who I should report to.

　ここでいう "report to" というのは、口頭か文書を通じて「報告する」という行為を表しているのではありません。そうではなく、自分は誰の支配下にある部下なのか、換言すれば、誰が自分の直属の上司なのかという意味になるのです。
　つまり、この "report to" は "〜に直属する"、"〜の支配下にある"、"〜に指示を仰ぐ" という上司・部下の関係を意味することになるわけです。
　そのため、こうした上司・部下の関係については、英語で "reporting relationship" と言います。

　また、これ以外にも、"report to" にはよく使われるもう1つの重要な意味がありますので、ここでご紹介しておきたいと思います。まずはその用例からご覧いただくことにしましょう。

Chicago's pitchers and catchers <u>report to</u> spring training on Feb.14.

　この用例に出てくる"Chicago"というのはメジャーリーグのシカゴ・カブスのことですが、このカブスのピッチャーとキャッチャーが２月14日に春季キャンプに"**report to**"するとは、どういう意味でしょうか？

　もうお分かりになった方も多いと思いますが、この"**report to**"というのは、<u>"〜に行く"、"〜に出頭する"、"〜に顔を出す"</u>という意味なのです。

　つまり、上記用例は、"シカゴのピッチャーとキャッチャーたちは２月14日に春季キャンプに行くことになっている"という意味になるわけです。

　これも"**report to**"の用法として頻繁に使われますので、あわせてぜひ覚えておいていただければと思います。

「私は、誰の　__指示を仰ぐ__　べきかを知りたいものだ」

18
"swear" = "誓う"?

Q 次のswearはどんな意味になるでしょうか。

> He got very drunk at the bar and started to <u>swear</u> at people around him.

ヒント

「彼はバーで大変に酔ってしまい、まわりにいる人たちを＿＿＿＿＿＿はじめた」

解説

　受験英語では、"swear" は "誓う" という意味で覚えられた方が多いと思います。

　実際、"swear" は今でも "誓う" という意味でよく使われていますが、"swear in" という句動詞（phrasal verb）の形になると、単なる "誓う" という意味ではなく、公職などに "宣誓して就任させる" という意味になります。

　そのため、特に政治関係の英文雑誌や新聞の記事などではこの言葉がよく使われます。ただ、2017年1月にドナルド・トランプがアメリカ大統領に就任したとき、"Donald Trump was sworn in as the 45th president." と書かれたように、通常は "swear in" ではなく、"sworn in" という受動態で表現されます。

　このように、"swear" は "誓う" というみなさんがご存じの意味でもよく使われているのですが、"swear" にはそれ以外にも、もう1つの重要な意味があります。

He got very drunk at the bar and started to swear at people around him.

　さて、どうでしょうか。この文章の前半部分については、そんなに難しい単語もありませんので、この部分が "彼はバーで大変に酔ってしまった" という意味になる

ことはお分かりいただけるかと思います。

　問題は、"swear"が入っている後半部分です。ただ、文章の前半で"彼は大変酔ってしまった"と書いてありますから、後半部分についても、彼についてあまり良いことが書かれていないことが予想されます。

　実際そのとおりで、ここでの"swear"は、"罵る"、"悪口を言う"、"悪態をつく"といった意味なのです。ということで、この用例の意味は、"彼はバーで大変に酔ってしまい、まわりにいる人たちを罵りはじめた"ということになるわけです。

　"swear"の第一義には、"swear by God"（神にかけて誓う）という表現もあるように、その語感には非常に神聖な響きがあるのですが、この第二義はそれとは正反対に近い、非常に悪い意味です。

　英語には"四文字語"（four-letter word）と呼ばれる罵り語が多数ありますが、それらの言葉が別名"swear word"と呼ばれるのも、まさにその"swear"が"誓い"ではなく、"罵る"という意味を持っているからなのです。

A

「彼はバーで大変酔ってしまい、まわりにいる人たちを　罵り　はじめた」

19

"succeed" = "成功する"?

Q 次のsucceedはどんな意味になるでしょうか。

> Mr. Smith is well positioned to succeed Mr. Johnson as the company's new president.

ヒント

「スミス氏は、現在その会社の社長であるジョンソン氏の＿＿＿＿＿＿良い位置につけている」

解説

　"succeed"という単語は、"成功する"という意味であることはみなさんもよくご存じでしょう。また、その名詞が"success"で、形容詞が"successful"であることもよくご存じだと思います。

　ただ、ここで1つ思い出していただきたいことがあります。それは、動詞には自動詞と他動詞の2つがあるということです。

　ごく簡単に言えば、自動詞はそのあとに目的語を必要としない動詞、他動詞は目的語を必要とする動詞のことです。

　たとえば、"stop"という動詞は、自動詞と他動詞の両方で使います。"The car stopped."の場合は、"stop"のあとに目的語がありませんので、"止まる"という意味の自動詞として使われていることが分かります。

　それに対して、"The car stopped an old man."という文章になると、"stop"のあとに目的語の"an old man"があることから、"止める"という意味の他動詞として使われていることが分かります。

　これと同じで、"succeed"も自動詞と他動詞の両方で使われる動詞で、みなさんが慣れ親しんでいる"成功する"という意味の"succeed"は、自動詞としての使われ方なのです。

　では、他動詞の"succeed"にはどのような意味があ

るのでしょうか。

Mr. Smith is well positioned to <u>succeed</u> Mr. Johnson as the company's new president.

　まず、この文章ですが、会社の新社長に誰がなるのかという人事の話であることは、だいたいお分かりいただけるかと思います。

　では、問題の"succeed"ですが、そのあとに"Mr. Johnson"という目的語がありますから、これが他動詞として使われていることが分かります。

　実は、"succeed"の他動詞には"成功させる"という意味はなく、他動詞としては<u>"(人の)後を継ぐ"</u>、<u>"(人の)後任になる"</u>という意味になります。したがって、この用例は"スミス氏は、現在その会社の社長であるジョンソン氏の後継者になる良い位置につけている"という意味になるわけです。多くの企業では"後継者育成プラン"と呼ばれる将来の経営者育成計画を作成しています。そうした計画のことを英語では"succession plan"と呼びますが、それはまさにこの"succeed"の他動詞の意味からきているのです。

A

「スミス氏は、現在その会社の社長であるジョンソン氏の　<u>後継者になる</u>　良い位置につけている」

20
"resign" = "辞任する"?

Q 次のresignはどんな意味になるでしょうか。

> He <u>resigned</u> himself to his fate with dignity.

ヒント

「彼は威厳をもって自らの運命を____」

解説

　残念ながら、日本ではいつまでたっても政界、官界、経済界における不祥事は一向になくなる気配がありません。アメリカでも状況は基本的に同じで、いろんな人がいろんな過ちを犯しては、その責任を取ったり取らされたりして辞任していきます。

　このように、ある人が不祥事を起こしてその職を辞任するときの英語として使われるのは、みなさんもよくご存じの"resign"という単語です。

　もちろん、この単語は"辞任する"という意味でよく使われるのですが、ここでもう1つの重要な意味をご紹介しておきたいと思います。

　もっともその場合、これは"resign"という一語ではなく、"resign oneself to"という形をとるのですが、このときの"resign"は"辞任する"とはまったく違った意味になります。

He resigned himself to his fate with dignity.

　ここでの"resign"はどういう意味で使われているのか、お分かりになりましたでしょうか。実は、"resign oneself to"というのは平易な英語で言えば、"**to accept that something undesirable cannot be avoided**"（望ましくない状態が不可避であることを受け入れるこ

と）ということで、日本語で言えば、"〜を諦める"、"〜を甘受する"という意味になるのです。

つまり、上記用例は、"彼は威厳をもって自らの運命を甘受した"という意味になるわけです。

このように、"resign"には２つの主要な意味があるため、その名詞形である"resignation"にも２つの意味があります。１つは"辞任"で、もう１つは"諦念"という意味です。

なお、"諦念"という言葉を聞けば、文学好きの方なら森鷗外のことを思い出されるかもしれません。

森鷗外は自身、軍人でありながら同時に文学者でもあった人ですが、個人と社会、あるいは個人と組織の葛藤の中で大変苦労した経験があり、そうした経験をへて、自らの置かれた立場や状況を甘受するという"諦念"という考えにたどり着きました。

そして、その"諦念"のことを鷗外はドイツ語で"レジグナチオン"（resignation）と称したのですが、言うまでもなく、この"レジグナチオン"こそは、英語の"レジグネーション"のことなのです。

Ⓐ

「彼は威厳をもって自らの運命を　甘受した　」

21
"train" = "訓練する"？

Q 次のtrainはどんな意味になるでしょうか。

> The policeman <u>trained</u> his gun on a man running away from him.

ヒント

「警官は逃げ去ろうとする男に銃を_____」

解説

　"トレーニング"、"トレーナー"などというカタカナ言葉は、今やすでに立派な日本語になっています。そのため、動詞としての"train"も、"訓練する"という意味で理解されている方が多いかと思います。

　実際、英語でもそのとおりで、通常、"train"は"訓練する"という意味で使われています。

　ただ、ここでみなさんに覚えておいていただきたいのは、"train"にはそれ以外にもう1つ重要な意味があることです。

　では、まず下記の用例をご覧いただきたいと思います。"train"の意味さえ分かれば、文章自体は難しくないでしょう。

The policeman trained his gun on a man running away from him.

　文意は、警官が逃げようとしている男に銃を"train"したということですが、この"train"にはどんな訳語を当てはめればいいのでしょうか。

　実は、この"train"は"訓練する"という意味とはまったく関係なく、"(銃、カメラ、ライトなど)を向ける"という意味なのです。つまり、上記の文章は"警官は逃げ去ろうとする男に銃を向けた"という意味になるわけ

です。

　このような意味で"train"が使われる場合は、"train 〜 on"か"train 〜 at"のように、通常、"train"の後に"on"か"at"が来て、銃、カメラ、ライトなどを向ける相手を指し示すことになります。

　また、ライト（光）を"train"する（向ける）場合については、本物のライトを向ける場合にも使うことができますし、下記の用例に出てくる"spotlight"のように、比喩的なものについて言う場合にも使うことができます。

The crisis has <u>trained</u> a harsh spotlight on Mr. Obama's foreign policy.
　（今回の危機は、オバマ大統領の外交政策に対して厳しい焦点を当てることになった）

A

「警官は逃げ去ろうとする男に銃を__向けた__」

22
"develop" = "発展する"?

Q 次のdevelopはどんな意味になるでしょうか。

Scientists have known for a long time that sedentary people are at increased risk of developing heart disease.

 ヒント

「座っていることの多い人は心臓病＿＿＿＿＿＿リスクが高いということを、科学者たちは長年にわたって知っていた」

解説

　新聞などを読んでいると、"発展途上国"という言葉によく出会います。

　英語では、こうした"発展途上国"のことを"developing countries"、また"先進国"のことを"developed countries"と言います。

　以前は、"発展途上国"のことを"低開発国"（underdeveloped countries）などとドギツい言い方をしていましたが、さすがに近年は、そうした呼び方は好ましくないとして使われなくなりました。

　さて、このように、みなさんも"develop"は基本単語の１つとして、"発展する"、"成長する"などといった意味で覚えておられる方が多いかと思います。

　では、次の用例はどうでしょうか。これも、"発展する"、"成長する"という意味で通じるでしょうか？

Scientists have known for a long time that sedentary people are at increased risk of developing heart disease.

　"sedentary"という少し難しい単語が出てきますが、これは"座って行う"という意味です。

　これさえ分かれば、あとはそんなに難しい単語は出て

いないと思いますが、最大の問題は最後の"developing heart disease"という部分でしょう。"heart disease"（＝心臓病）を"develop"するとは、いったいどういう意味なのでしょうか。

　勘の良い方はもうお分かりかもしれませんが、実はこの"develop"は病気などを"発症する"、"かかる"、"患う"という意味なのです。
　したがって、上記の用例は、"座っていることの多い人は心臓病にかかるリスクが高いということを、科学者たちは長年にわたって知っていた"という意味になるわけです。
　このように、"develop"は"発展する"や"成長する"といった意味以外でもよく使われますので、ぜひ覚えておいていただきたいと思います。

A

「座っていることの多い人は心臓病　にかかる　リスクが高いということを、科学者たちは長年にわたって知っていた」

23
"dispatch" = "発送する"?

Q 次のdispatchはどんな意味になるでしょうか。

It was amazing to see the ease with which the Red Sox dispatched the Yankees last night.

「昨夜、レッドソックスがヤンキースにあまりに簡単に_____のには驚いた」

解説

　最近、アマゾンなどオンラインでのショッピングが急激に増えたため、商品を配達する宅配便など、宅配サービスにおける人手不足が大きな社会問題になっています。

　たしかに、全国にある有名店の品物をクリック１つで手軽に買えるオンライン・ショッピングは大変便利で、実際にその商品の配達をする人が足りなくなっているというのも頷ける話です。

　このように、宅配便などで業者が商品を送ったり、また個人が知り合いに荷物を送ったりすることを、英語では"send"ということは、みなさんもよくご存じのことと思います。

　この"send"とほぼ同じ意味を持つものとして、"dispatch"という単語があります。

　さて、本項ではこれら２つのうち"dispatch"の方を取り上げます。というのも、"dispatch"には、"発送する"、"送る"というみなさんがよくご存じの意味のほかに、もう１つの非常に重要な意味があるからです。

　では、"dispatch"にいったいどんな意味があるのか、まずは次の用例をご覧いただきたいと思います。

It was amazing to see the ease with which the Red

Sox dispatched the Yankees last night.

　まず、文中に"Red Sox"や"Yankees"という名前が出てくることから、これがメジャーリーグに関することだということはご理解いただけるかと思いますが、さて、"Red Sox"が"Yankees"を"dispatch"したとは、どういう意味なのでしょうか。

　実はここでの"dispatch"は、物事を<u>"すばやく片づける"、"処理する"</u>という意味なのです。つまり、この用例は、"昨夜、レッドソックスがヤンキースにあまりに簡単に勝ったのには驚いた"という意味になるわけです。

　なお、"dispatch"には、こうした"すばやく片づける"という意味の延長線上のものとして、<u>"殺す"</u>という恐ろしい意味もあります。

　これもよく使われる表現なので、ぜひ覚えておいてください。

A

「昨夜、レッドソックスがヤンキースにあまりに簡単に　勝った　のには驚いた」

24
"condemn" ＝ "非難する"?

Q 次のcondemnはどんな意味になるでしょうか。

> Tom's family owned a hole-in-the-wall hot-dog counter in Times Square that was the last of its kind when New York decided to revitalize the area in the 1990s by condemning dozens of small shops like it.

 ヒント

「トムの家は、タイムズスクエアの一角に小さなホットドッグ店を所有していたが、1990年代にニューヨーク市がタイムズスクエアの再活性化のため、多数ある同様の小型店舗を＿＿＿＿＿＿＿＿とき、トム家のホットドッグ店は最後に残った店であった」

解説

　英語には"批判する"、"非難する"という意味を持つ単語や熟語がたくさんあります。そんな意味を持つ単語として、まず思い浮かぶのは"criticize"ではないかと思います。

　"criticize"は非常に汎用性の高い単語で、日常会話でも頻繁に使われるだけでなく、国連などの国際機関や政府声明などといった公的な文言の中でも非常によく使われています。

　"criticize"の類似語として、"condemn"という単語を受験英語で覚えた方も多いのではないでしょうか。

　実際、この"condemn"も"criticize"と同様に大変よく使われる単語で、特に国連や各国政府がテロ行為などを非難するときなどに、この"condemn"という単語は非常によく使われます。

　ただ、意味合いとしては、"condemn"の方が"criticize"よりも批判する度合いが強く、日本語で言えば、"批判する"というよりも"非難する"に近い語感と言えるでしょう。

　さて、そんな"condemn"には、"非難する"という意味以外にも、非常に重要な意味があります。

　少し長くなりますが、まずは次の用例をご覧いただきたいと思います。

Tom's family owned a hole-in-the-wall hot-dog counter in Times Square that was the last of its kind when New York decided to revitalize the area in the 1990s by condemning dozens of small shops like it.

　１つ、２つ分かりにくい単語がありますので、まずそれについて説明しておきましょう。
　１つ目は出だしのすぐあとに出てくる"hole-in-the-wall"という単語ですが、これは"小さくて目立たない"という意味です。
　２つ目は真ん中あたりに出てくる"revitalize"ですが、これは"再活性化させる"という意味です。
　これだけ分かれば、残る難関は"by condemning"という部分ですが、そのあとに"dozens of small shops like it"（たくさんのそうした小さな店舗）という文言があることを考えると、少なくともこの"condemn"は"非難する"という意味では使われていないようです。

　では、この"condemn"はどういう意味かといいますと、実は建物などを"使用禁止にする"という意味なのです。
　つまり、上記の用例は、"トムの家はタイムズスクエアの一角に小さなホットドッグ店を所有していたが、1990年代にニューヨーク市がタイムズスクエアの再活

性化のため、多数ある同様の小型店舗を使用禁止にしたとき、トム家のホットドッグ店は最後に残った店であった"という意味になるわけです。

A

「トムの家は、タイムズスクエアの一角に小さなホットドッグ店を所有していたが、1990年代にニューヨーク市がタイムズスクエアの再活性化のため、多数ある同様の小型店舗を　使用禁止にした　とき、トム家のホットドッグ店は最後に残った店であった」

25
"fail" = "失敗する"?

Q 次のfailはどんな意味になるでしょうか。

> He tried to say something, but words failed him at the moment.

ヒント

「彼は何か言おうとしたが、彼にはそのとき言葉が_____
_____」

解説

　さて、次は"fail"という単語を取り上げたいと思います。"fail"が"失敗する"という意味であることは、みなさんもよくご存じだと思います。

　また、"fail"を使った言い方の1つとして"fail to ～"というものがあり、それが"～をしない"という意味になることもご存じかと思います。

　このように、"fail"という単語はみなさんにとっても非常になじみの深い単語であり、この単語を見れば、つい条件反射的に"失敗する"という日本語が思い浮かぶのではないでしょうか。

　ただ、みなさんにはここで"fail"が持つもう1つの重要な意味も覚えていただきたいのです。いつものように、まずは用例をご覧いただくことにしましょう。

He tried to say something , but words <u>failed</u> him at the moment.

　この文章の中に特に難しい単語はないかと思います。唯一最大の問題は"words failed him"という部分ですが、"言葉が彼をfailした"とはいったいどういう意味なのでしょうか。"言葉が彼を失敗させた"では意味が通じませんので、この"fail"には"失敗する"とは違う別の意味があるはずです。

勘のいい方はもうお分かりかもしれませんが、実はここでの"fail"は、"見捨てる"、"失望させる"、"(期待を)裏切る"などといった意味になるのです。

　別の英単語で言えば、"desert"、"let down"、"disappoint"などと言い換えることができるでしょう。

　つまり、前記の用例は、"彼は何か言おうとしたが、彼にはそのとき言葉が出てこなかった"という意味になるわけです。

　たとえば、せっかく受験勉強をがんばって念願の大学に入学できたのに、その大学がつまらなかったり、あるいは、つらい就活を終えてせっかく就職できたのに、その会社が期待外れだったりした場合などには、この"fail"を使って、"The university (or company) failed me."と言うことができます。

A

「彼は何か言おうとしたが、彼にはそのとき言葉が出てこなかった」

26
"locate" = "置く"?

Q 次のlocateはどんな意味になるでしょうか。

> It is now possible to take a DNA sample from a criminal scene and locate the criminal.

「今や、犯行現場からDNAサンプルを採取すれば、犯人を＿＿＿＿＿＿ことができるようになっている」

解説

　さて、次は"locate"という単語を取り上げたいと思います。"locate"については、"～に置く"、"～に位置する"という意味で覚えられた方が多いのではないかと思います。

　特に、その名詞形である"location"が"場所"や"位置"という意味で日本語としても広く使われていることもあり、"location"の動詞である"locate"も、"場所"や"位置"に関連する単語として記憶されている方が多いのではないでしょうか。

　もちろん、実際の英語でも"locate"は上記のような"～に置く"、"～に位置する"という意味で使われる場合も多く、これらが"locate"の最も重要な意味であることは間違いありません。

　しかしながら、"locate"にはこれ以外にもう１つ、大変よく使われる意味があるのです。

　その第２の意味は、"～に置く"や"～に位置する"という"locate"の第１の意味から類推することはそう簡単ではありません。

　では、"locate"の第２の意味とはいったい何でしょうか。下記にその用例をお示ししましょう。"locate"は最後の方に出てきますが、用例の最初から読んでいただければ、何となく"locate"の意味がお分かりいただ

けるかもしれません。

It is now possible to take a DNA sample from a criminal scene and <u>locate</u> the criminal.

　語句については、特にご説明するほど難しいものはないかと思いますが、唯一の問題は"locate"の意味です。

　用例の前半には"犯行現場からDNAサンプルを採取する"と、今では何かが可能になっていると書いてありますが、その何かというのが"locate the criminal"ということなのです。

　実は、ここでの"locate"は<u>"〜を見つける"、"〜を探し出す"</u>という意味になるのです。別の英単語で言えば、"find"や"discover"がこれに近い単語です。

　ということで、先の用例は、"今や、犯行現場からDNAサンプルを採取すれば、犯人を見つけ出すことができるようになっている"という意味になるわけです。

A

「今や、犯行現場からDNAサンプルを採取すれば、犯人を　見つけ出す　ことができるようになっている」

27
"gather" = "集める"?

Q 次のgatherはどんな意味になるでしょうか。

From their tense, argumentative exchanges, I <u>gather</u> that they have had a serious domestic squabble.

ヒント

「彼らが緊迫した論争をしていたことから、私は彼らが家庭内で深刻な争いを抱えていると_____」

解説

　次に取り上げるのは"gather"という単語です。これについては、学校や受験勉強時代に"集める"、"集まる"という意味で覚えた方が多いかと思います。

　"gather"とは違う単語ですが、"一緒に"という意味の"together"と"gather"の発音が似ていること、さらに日本語で"一緒に集まる"という表現をよくすることなどから、"gather"="集まる"とイメージで覚えた人も多いかもしれません。

　あるいは、女性のスカートなど服飾に関して、布を縫い縮めてしわやひだを寄せたものを"ギャザー"と呼んでいますが、これなども"gather"="集める"というイメージを強める一因になっているのかもしれません。

　ところが、実際の英語では、"gather"は"集める"という意味だけで使われているわけではありません。"gather"にはこのほかにもいろんな意味がありますが、そんな中でも特によく使われるもう1つの意味があります。その典型的な例が下記の用例です。

From their tense, argumentative exchanges, I gather that they have had a serious domestic squabble.

　用例の中に少し見慣れない語句がありますので、それ

について先に説明しておきましょう。

　まず、"tense"は"緊迫した"という意味で、そのあとの"argumentative"は"論争的な"、"議論をふっかけてくる"といった意味になります。

　それから、"domestic"は"家庭内の"という意味で、"squabble"は"口げんか"、"口論"のことです。

　これで用例のだいたいの意味はお分かりいただけたかと思いますが、あと残るは"I gather"の意味をどう理解するかです。

　勘のいい方はもうお分かりかと思いますが、この場合の"gather"は"集める"という意味ではなく、"推測する"、"理解する"という意味になるのです。

　別の英語で言えば、"understand"、"assume"、"believe"、"think"などに近い意味だとお考えいただければいいでしょう。

　というわけで、先の用例は、"彼らが緊迫した論争をしていたことから、私は彼らが家庭内で深刻な争いを抱えていると思う"という意味になります。

A

「彼らが緊迫した論争をしていたことから、私は彼らが家庭内で深刻な争いを抱えていると　思う　」

28
"pitch" = "投げる"?

Q 次のpitchはどんな意味になるでしょうか。

The founder of the startup company appeared on the TV show to <u>pitch</u> his product to fix bad hair in the morning without taking a shower.

ヒント

「そのスタートアップ企業の創業者はテレビ番組に出演して、朝起きたときにボサボサになっている髪の毛を、シャワーを浴びずに整えることができる自社開発商品の_____ _____」

解説

　次にご紹介する単語は"pitch"です。"pitch"といえば"投げる"という意味に決まっているじゃないかとお叱りを受けそうですが、"投げる"という意味以外にも、みなさんが思いもよらない意味があるのです。
　では、それがいったいどんな意味なのか、次の用例をご覧いただきましょう。

The founder of the startup company appeared on the TV show to <u>pitch</u> his product to fix bad hair in the morning without taking a shower.

　まず語句について簡単に説明しておきますと、"founder"は"創設者"、"創業者"という意味です。最近は日本でも、会社によっては、創設者のことをカタカナで"ファウンダー"と呼んでいるところもありますので、聞いたことがある方もいらっしゃるかもしれません。
　また、その後に出てくる"startup company"はベンチャーなど、まだ立ち上がったばかりの企業のことをいいます。こうした"startup company"は、日本ではまだまだ数が少ないのですが、アメリカのシリコンバレーには、こうした"startup company"が密集しており、起業家たちはいつの日か自分たちの"startup"をGoogleやFacebookのような企業に成長させたいと日々

猛烈に仕事しています。

"fix"は"髪などを整える"という意味で、"**bad hair in the morning**"というのは、"朝起きたときに髪の毛がボサボサになっている"という意味です。

これでだいたいの文意はお分かりいただけたかと思いますが、あと残るは"**pitch his product**"という部分をどう解釈するかです。

"**pitch**"するといっても、投げ捨ててしまうことではなさそうです。投げ捨ててしまうくらいなら、テレビ出演する必要はないはずですよね。

正解を申し上げますと、実はこの"**pitch**"は投げ捨ててしまうこととは正反対で、"<u>宣伝する</u>"、"<u>口説く</u>"という意味になるのです。

つまり、この用例は、"そのスタートアップ企業の創業者はテレビ番組に出演して、朝起きたときにボサボサになっている髪の毛を、シャワーを浴びずに整えることができる自社開発商品の宣伝をした"という意味になるわけです。

A

「そのスタートアップ企業の創業者はテレビ番組に出演して、朝起きたときにボサボサになっている髪の毛を、シャワーを浴びずに整えることができる自社開発商品の　<u>宣伝をした</u>　」

29
"take" = "取る"?

Q 次のtakeはどんな意味になるでしょうか。

> My take is that we do not care much about artificial intelligence if the goal is to reproduce human cognition in order to replace it.

ヒント

「もし人工知能の目的が人間の認識力に取り替わる能力を再生することにあるのなら、私たちはそんなに人工知能に関心を持たないだろうというのが私の＿＿＿＿＿＿＿＿だ」

解説

　本章でご紹介する単語も残り2つとなりました。これまでは、みなさんがよくご存じの英語の動詞の中から、通常知られているのとは違う動詞の意味で使われている単語をご紹介してきました。
　これからご紹介する残り2つの英単語も、みなさんはまず動詞として認識されているものなのですが、最初の単語は思わぬ意味の名詞として使われているもの、そしてもう1つは思わぬ意味の形容詞として使われているものをご紹介したいと思います。

　そうした動詞としてまずご紹介したいのは"take"です。"take"は英語の最も基本的な単語の1つであり、それが"取る"という意味であることは言うまでもありません。
　もちろん、"take"には動詞としてそれ以外の意味も数多くありますが、ここでご紹介したいのは"take"の名詞としての重要な意味です。
　これはアメリカ人の日常会話や英文記事の中で、極めて頻繁に出てくる非常に重要な使い方です。

My take is that we do not care much about artificial intelligence if the goal is to reproduce human cognition in order to replace it.

いつものように、まず語句から説明していきます。"care for"は"～に関心を持つ"、"～を大切に思う"という意味になります。

　"reproduce"は"再生する"、"再現する"という意味で、"cognition"は"認識力"という意味です。

　では、冒頭の"my take"はどういう意味なのでしょうか。"take"＝"取る"ということからある程度類推可能なのですが、実はこの"take"には"見解"、"解釈"、"理解"といった意味があるのです。

　言い換えれば、"my take"とは"my understanding"のことです。これは本当によく使われる表現ですので、みなさんにもぜひ覚えておいていただきたいと思います。

　ということで、先の用例は、"もし人工知能の目的が人間の認識力に取り替わる能力を再生することにあるのなら、私たちはそんなに人工知能に関心を持たないだろうというのが私の見解だ"という意味になります。

A

「もし人工知能の目的が人間の認識力に取り替わる能力を再生することにあるのなら、私たちはそんなに人工知能に関心を持たないだろうというのが私の見解だ」

30
"mean" = "意味する"?

Q 次のmeanはどんな意味になるでしょうか。

> She is such a <u>mean</u> person. She is constantly making snide remarks and putting people down.

ヒント

「彼女は本当に＿＿＿＿＿＿＿。彼女はいつも意地悪な発言をして、人のことをけなしている」

解説

　さて、本章も次にご紹介する単語で最後になりました。そうした記念すべき（？）単語としてご紹介するのは"mean"です。

　"mean"も英語の基本単語の１つと言ってもよく、本書をお読みくださっているような方であれば、それが"〜を意味する"という意味になることはよくご存じだと思います。

　もちろん、実際の英語でも"mean"はそのような意味として使われています。しかし、"mean"は動詞として上記のような意味で使われるのはもちろんのこと、形容詞としてもさまざまな意味で使われる非常に汎用性の高い単語なのです。

　そうした"mean"の形容詞の意味として最もよく使われるのが、次の用例のような使い方です。この"mean"がどんな意味で使われているか、お分かりになりますでしょうか？　どうもあまり良い意味ではなさそうです。

She is such a mean person. She is constantly making snide remarks and putting people down.

　まず語句について説明しておきますと、"snide"というのは、"嫌味な"とか"悪意に満ちた"という意味です。"put 〜 down"は、"〜の悪口を言う"、"〜のことをけ

なす"という意味の句動詞です。

2つ目の文章の中に、"嫌味な"とか"悪口を言う"とか"けなす"などといった単語が入っていることから、用例の"彼女"はあまり好ましい性格の人ではなさそうです。

実際そのとおりで、この"mean"は"意地悪な"、"不親切な"、"性格の悪い"といった意味になるのです。つまり、最初の文章で"彼女は性格が悪い"と言ったことの具体的内容を、2つ目の文章で述べているわけです。

ということで、この用例は、"彼女は本当に性格が悪い。彼女はいつも意地悪な発言をして、人のことをけなしている"という意味になるわけです。

なお、すでにお気づきの方もいらっしゃるかと思いますが、最初の文章にある"mean"と、2つ目の文章にある"snide"はほぼ同じ意味であることに注意していただきたいと思います。

英語表現の大きな特徴の1つは、何度も同じ単語を繰り返すのを嫌うことで、この用例のように同じ意味のことを、できるだけ違った単語で表現しようとする傾向があるのです。

A

「彼女は本当に　性格が悪い　。彼女はいつも意地悪な発言をして、人のことをけなしている」

第 2 章

この**名詞**に
こんな動詞の意味が
あったとは

前章では、みなさんがよくご存じの英語の動詞について、この動詞にこんな意味があったのかというものをご紹介しました。本章では、みなさんがよくご存じの英語の名詞の中から、動詞としても使われるものを選び、しかもそれが元の名詞の意味からは想像できないような動詞の意味として使われているものをご紹介していきたいと思います。

ひょっとしたら、しょせん、そんなものは稀にしか使われない単語の意味で、知っていてもあまり役に立たないのではないかと思われる方もいらっしゃるかもしれません。しかし、私が保証しますが、これからご紹介する単語の意味は決してそのような"キワモノ"ではなく、どれも非常によく使われているものです。覚えておいて決して損はしないものばかりです。

31
"address" = "住所"?

Q 次のaddressはどんな意味になるでしょうか。

> Some people enter counseling to address major problems in life, such as divorce.

💡 ヒント

「離婚のような人生の大きな問題に＿＿＿＿＿＿ためにカウンセリングを受ける人もいる」

解説

　最初にご紹介したいのは"address"です。"address"といえば、みなさんの多くは、まず"住所"という日本語を思い浮かべるのではないでしょうか。

　これは、中学でも比較的早い段階で習う単語なので、"address"＝"住所"という1対1の形で頭にインプットされている方が多いと思います。

　しかし、"address"には"住所"という意味よりもはるかに重要で、はるかに多用される動詞の意味があります。実際、英文の雑誌や新聞を読んでいて、"address"が"住所"という名詞として使われている例はそんなに多くありません。むしろ、少ないと言ってもいいでしょう。

　では、"address"はどんな意味を持つ動詞として使われるのか、次の用例をご覧ください。

Some people enter counseling to <u>address</u> major problems in life, such as divorce.

　問題は"to address major problems in life"という部分ですが、"address"の前に"～するために"という意味の"to"があることから、これが動詞であることがお分かりいただけるかと思います。

　では、"人生の大きな問題"（major problems in life）

を"**address**"するとは、いったいどういう意味なのでしょうか?

実は、この"**address**"は名詞の"住所"とはまったく関係なく、"(問題などに) 対処する"という意味なのです。つまり、上記の用例は、"離婚のような人生の大きな問題に対処するためにカウンセリングを受ける人もいる"という意味になるわけです。

"(問題などに) 対処する"という意味での、"**address**"は、日常会話でも、あるいは英文雑誌や新聞の記事でも非常に頻繁に使われています。

もしみなさんがこの単語に出会うことがあれば、まずは"問題に対処する"という意味で使われているのではないかと考えてみてください。

A

「離婚のような人生の大きな問題に 対処する ためにカウンセリングを受ける人もいる」

32
"trump" = "トランプ"?

Q 次のtrumpはどんな意味になるでしょうか

Our product <u>trumps</u> competitors' products in terms of price and quality.

ヒント

「私たちの商品は、価格と品質の両面で競争相手に_____」

解説

　さて、次は"**trump**"という単語を取り上げます。もっとも、"トランプ"といっても、トランプ大統領のことではありません（笑）。

　ほとんどの方にとっては、"**trump**"という単語を聞いてまず思い浮かぶのは、カードの"トランプ"のことではないかと思います。でも、実際の英語では、"**trump**"という単語にカードのトランプという意味はありません。

　英語ではカードのトランプのことはそのまま"**card**"といい、トランプで遊ぶことは"**playing cards**"といいます。

　では、名詞の"**trump**"にはどんな意味があるのかといいますと、これには"切り札"という意味があり、そこから"**trump card**"という言い方が出てきています。ひょっとすると、このあたりから日本語では"カード（遊び）"のことを"トランプ"と言うようになったのかもしれませんね。

　少し脱線しましたので、話を元に戻しましょう。さて、この"**trump**"という単語ですが、おそらく多くの人にとっては名詞という意識しかないのではないでしょうか。

　ところが、実際の生きた英語では、"**trump**"は名詞

として使われるよりも、動詞として使われる方が圧倒的に多いのです。では、どういう意味を持った動詞として使われるのでしょうか。次の用例をご覧ください。

Our product trumps competitors' products in terms of price and quality.

この用例では自分たちの商品について言及しているようですが、"competitors' products" に "trump" するとはいったいどういう意味なのでしょうか。

実は、この "trump" というのはカードのトランプとはまったく関係がなく、動詞として "〜打ち負かす"、"〜に勝つ"、"〜に勝る" といった意味になるのです。

別の英語でいえば、"beat"、"surpass"、"outperform" などがそれに近いといえます。

ということで、前記の用例は、"私たちの商品は、価格と品質の両面で競争相手に勝っている" という意味になるわけです。

「私たちの商品は、価格と品質の両面で競争相手に　勝っている　」

33
"sport" = "スポーツ"?

Q 次のsportはどんな意味になるでしょうか。

It seems that a growing number of business leaders are sporting beards recently.

💡 ヒント

「最近、ますます多くのビジネスリーダーたちがあごひげを（はやして）＿＿＿＿＿＿＿ようになってきたように思われる」

解説

　次は"sport"という単語を取り上げたいと思います。おそらく、"sport"という単語を見たときには、ほとんどの方が"スポーツ"という名詞の意味以外、なかなか思いつかないのではないでしょうか。

　でも、実際の英語では、これが立派な動詞として非常によく使われるのです。

　事実、そういう私も最初にこれが動詞として使われている文章を読んだときにはその意味が分からず、大変苦労したことを今でも鮮明に覚えています。

　この"sport"という英単語と日本語の"スポーツ"が、頭の中であまりにも分かちがたく結びついていたため、"sport"からスポーツ関係以外の意味を連想することができなかったのでした。

　では、そんな"sport"には、動詞としてどんな意味があるのでしょうか。次の用例をご覧ください。

It seems that a growing number of business leaders are sporting beards recently.

　特に難しい単語はないと思いますが、念のために言っておきますと、"beards"は"あごひげ"のことです。さて、この文章では、ビジネスリーダーたちがあごひげ

を"sport"していると書いていますが、これはいったいどういう意味なのでしょうか。

そうなのです。実は"sport"には"〜を見せびらかす"、"〜を誇示する"という意味があるのです。つまり、先の用例は、"最近、ますます多くのビジネスリーダーたちがあごひげを（はやして）見せびらかすようになってきたように思われる"という意味になるわけです。

ちなみに、この"sport"ですが、名詞としても、スポーツとはまったく関係ない意味で使われることがあります。

たとえば、何かの試合などで負けたとしても、それについて決して負け惜しみを言わない、さっぱりした気持ちの良い人のことなどを英語では"a good sport"と言います。

もし、"You are a good sport."と言われたら、それはあなたが良いスポーツ選手であると言っているわけではなく、あなたが大変気持ちの良い、素晴らしい性格の人だと言っているのです。

A

「最近、ますます多くのビジネスリーダーたちがあごひげを（はやして） 見せびらかす ようになってきたように思われる」

34
"corner" = "コーナー"？

Q 次のcornerはどんな意味になるでしょうか。

> They have already <u>cornered</u> the Mexican food market. Their stores are everywhere in the country.

ヒント

「彼らはメキシカンフード市場をすでに＿＿＿＿＿＿＿＿。彼らの店は全国のどこにでもある」

解説

　みなさんは"コーナー"という日本語を聞いたとき、何を思い浮かべますか？　たぶん、部屋などの"角"や"隅"をイメージする方が多いのではないでしょうか。

　実際、"corner"という英語はそうした意味の名詞として使われることが多いのですが、動詞としても使われることがしばしばあるのです。

　では、"corner"はどんな意味の動詞として使われるのかといいますと、主に2つあります。

　その1つ目は"追いつめる"という意味です。これについては、ボクシングの試合などで、一方の選手が相手を攻撃して、コーナーに追いつめるシーンをイメージしていただければ、分かりやすいかもしれません。

　それに比べて、"corner"が持つもう1つの意味を理解するには少しイマジネーションが必要になってきます。では、まずその用例をご覧いただきたいと思います。

They have already cornered the Mexican food market. Their stores are everywhere in the country.

　さて、いかがでしょうか。用例にあるメキシカンフード市場を"corner"するとは、いったいどういう意味なのでしょうか。

実は、この"corner"には、"買い占める"、"独占する"という意味があるのです。つまり、この用例は、"彼らはメキシカンフード市場をすでに独占している。彼らの店は全国のどこにでもある"という意味になるわけです。

　別の英語で言い換えれば、"control"、"dominate"、"monopolize"、"take over"、"capture"などが、この場合の"corner"とほぼ同じような意味だと言えるでしょう。

　ビジネス英語でも、"corner the market"（市場を独占する）という言い方をよくしますので、この機会にぜひ覚えておいてください。

A

「彼らはメキシカンフード市場をすでに　独占している　。彼らの店は全国のどこにでもある」

35
"husband" = "夫"?

Q 次のhusbandはどんな意味になるでしょうか。

> The political party says that they are husbanding their energies and resources for the next general election.

ヒント

「その政党は次の総選挙に備えて、エネルギーと資源を＿＿＿＿＿＿と言っている」

解説

　"husband"という単語を聞けば、ほとんどの方は"夫"という名詞を即座に思い浮かべるでしょう。"husband"に"夫"以外の意味があることすら想像できないというのが正直なところではないかと思います。

　ところが、実際の英語では、この"husband"という単語は"夫"という名詞としてよりも、"夫"という言葉とはまったく違った意味を持つ動詞として使われることの方が多いのです。

　では、どんな意味を持つ動詞として使われているのか、まずは下記の用例をご覧いただきましょう。

The political party says that they are husbanding their energies and resources for the next general election.

　特に難しい単語はないと思いますが、念のために書いておきますと、"political party"は"政党"、"general election"は"総選挙"という意味です。

　そうすると、あとに残る問題は"husbanding their energies and resources"をどう訳すかということになりますが、正解を申し上げますと、実は、この"husband"は"節約する"、"倹約する"という意味なのです。

　つまり、上記の用例は、"その政党は次の総選挙に備

えて、エネルギーと資源を節約していると言っている"
という意味になるわけです。

実際、英字新聞や雑誌の記事などでも、"資源を節約する"という意味で、"**husband resources**"という表現をよく目にします。

"夫"を意味する"husband"から、なぜ"節約する"という意味が出てきたのか不思議ですが、昔は"節約"好きな"夫"が多かったからかもしれません。"**husband**"＝"夫"＝"節約"というふうに考えれば覚えやすいかもしれませんね。

ちなみに、"**husband**"の派生語に"**husbandry**"という名詞がありますが、これは作物や動物を管理育成することを意味します。

そこから、"**animal husbandry**"は"畜産管理"のことを、また、"**crop husbandry**"は"農業管理"のことを意味するようになりました。

A

「その政党は次の総選挙に備えて、エネルギーと資源を　節約している　と言っている」

36
"spell" = "スペル"?

Q 次のspellはどんな意味になるでしょうか。

Navigating the complicated US legal systems without advice and assistance from an experienced attorney can spell disaster for you.

ヒント

「複雑な米国司法体系を、経験豊富な弁護士のアドバイスや協力なしに乗り切っていくことは、あなたに災難を招くことを＿＿＿＿＿＿」

解説

　次は、"spell"という単語を取り上げます。これも、みなさんがこの言葉を見れば、普通は"綴り"という意味がすぐ思い浮かぶだろうと思います。ここでは、"綴り"という意味以外で、"spell"が持つ2つの重要な意味をご紹介したいと思います。

　まず、その第1は"魅力"、"魅惑"、"魔法"などという意味です。これは名詞だけでなく、"魅了する"、"魅惑する"、"魔法をかける"という動詞としても使うことができます。
　これと同じ意味の単語として、ほかに"spellbind"があります。"魅惑する"という意味での"spell"に形容詞形はありませんが、"spellbind"には"spellbinding"という形容詞形があり、"非常に魅力的なスピーチ"は"spellbinding speech"などと言います。

　そして、"spell"のもう1つの重要な意味ですが、次の用例の中に出てくる"spell"は、まさにその代表的なものです。

Navigating the complicated US legal systems without advice and assistance from an experienced attorney can spell disaster for you.

まず最初の"Navigating the complicated US legal systems"は"複雑な米国司法体系をうまく乗り切っていくことは"という意味で、この文の主語になります。

それから、"without advice and assistance from an experienced attorney"は、"経験豊富な弁護士のアドバイスや協力なしに"という意味です。

そうすると、あとに残った難関は"spell disaster for you"という部分ですが、実は、この"spell"には"綴り"や"魅力"などとは似ても似つかない、もう1つの重要な意味があるのです。それは"〜に結びつく"(lead to)、"〜の原因となる"(cause)、"〜を意味する"という意味です。

したがって、先ほどの文章は、"複雑な米国司法体系を、経験豊富な弁護士のアドバイスや協力なしに乗り切っていくことは、あなたに災難を招くことを意味する"という意味になるわけです。

この用例に出てきた"spell disaster"(災害を意味する)という言い方は、新聞や雑誌記事の中で非常によく出てくる表現ですので、この機会にぜひ覚えていただければと思います。

A

「複雑な米国司法体系を、経験豊富な弁護士のアドバイスや協力なしに乗り切っていくことは、あなたに災難を招くことを　意味する　」

37
"weather" = "天候"?

Q 次のweatherはどんな意味になるでしょうか。

> The country has successfully <u>weathered</u> the difficult transition from authoritarianism to democratic government.

💡 **ヒント**

「その国は独裁政権から民主的政権への困難な移行を、成功裏に＿＿＿＿＿＿ことができた」

解説

　みなさんは朝起きたあと、最初に何をしますか？　私の場合は、まずテレビを見ます。それは、寝ている間に世界や日本でどんな出来事が起こったのか知りたいというのが最大の理由ですが、それ以外にももう1つ大きな理由があります。

　それは、天気予報を見て、今日以降の天候がどうなるか確認しておきたいからです。今日は雨が降るのか。最高気温は何度くらいになりそうなのか。週末は遊びに外出することができそうか。

　そんな天気予報をテレビで伝える気象予報士のことを、英語では"ウェザーマン"（weatherman）と呼んでいます。映画がお好きな方の中には、ニコラス・ケイジがまさにこの気象予報士の役で主演した、その名も"ウェザーマン"という映画をご覧になった方もいらっしゃるかもしれませんね。

　さすがに、日本ではまだ気象予報士のことを"weatherman"とは呼びませんが、"weather"が"天候"という意味の名詞であることは、みなさんもよくご存じだと思います。

　しかしながら、その"weather"、実は"天候"という意味の名詞で使われるのと同程度以上に、動詞として使われることが多いのです。その用例をご覧ください。

The country has successfully weathered the difficult transition from authoritarianism to democratic government.

　用例中の"transition"とは"政権移行"のことです。米国では、特に大統領が交代したとき、旧政権から新政権への"政権移行"についてこの言葉が使われます。

　また、"authoritarianism"は"独裁政権"のことです。

　残るは、この文章で最も重要な意味を持つ"weather"の動詞としての意味です。勘の良い方はすでにお分かりかもしれませんが、この"weather"には困難な状況などを"うまく乗り切る"という意味があるのです。

　つまり、上記用例は、"その国は独裁政権から民主的政権への困難な移行を、成功裏に切り抜けることができた"という意味になるわけです。

　なお、蛇足ですが、"weather"が名詞として使われる熟語の1つに、"under the weather"という表現があります。

　これは"体調がすぐれない"という意味で、日常会話でも文章でも非常によく使われています。

A

「その国は独裁政権から民主的政権への困難な移行を、成功裏に　切り抜ける　ことができた」

38
"scale" = "規模"?

Q 次のscaleはどんな意味になるでしょうか。

> If you don't scale the lofty mountain, you can't view the plain.

ヒント

「もしその高い山に＿＿＿＿＿＿＿なければ、下に広がる平野を見ることはできない」

解説

　次に取り上げるのは"scale"という単語です。日本語では"スケールが大きい"という言い方をよくしますが、私たちが"スケール"という単語を聞いて、まず反射的に思い浮かべるのは"規模"という意味だと思います。

　もちろん、英語でも日本語と同じく、"scale"は"規模"という意味で使われていますが、英語の"scale"にはそれ以外にも重要な意味があります。それは特に動詞として、日常会話でも、英字新聞や雑誌の記事でも非常に頻繁に使われているものです。

　たとえば、次の用例のような使い方です。

If you don't scale the lofty mountain, you can't view the plain.

　念のために意味の説明をしておきますと、"lofty mountain"というのは"高い山"という意味です。

　問題の"scale"はその前に出てきていますが、"高い山"を"scale"するとはどういう意味でしょうか。

　そうです。もうお分かりだと思いますが、この"scale"というのは、"climb"と同じで"登る"という意味なのです。

　つまり、この文章は、"もしその高い山に登らなければ、

眼下に広がる平野を見ることはできない"という意味になるわけです。

この文章の場合などは、"scale"と"climb"はまったく同じ意味を持っており、"climb"を使っても言い換えることができます。

アメリカ人の日常会話、さらには新聞や雑誌の記事でも、scale"は"登る"という意味で非常によく使われますので、ぜひここで押さえておいてください。

なお、"登る"という意味での"scale"については、"scale the heights of ～"（～の極みに達する、～の頂点に達する）という慣用句があり、これもよく使われる表現です。

A

「もしその高い山に　登ら　なければ、下に広がる平野を見ることはできない」

39
"spot" = "点"?

Q 次の spot はどんな意味になるでしょうか。

The little girl always cries when she spots a large dog.

ヒント

「その小さな女の子は、大きな犬を＿＿＿＿＿といつも泣く」

解説

　みなさんもよくご存じのように、ゴルフクラブでボールを打つときに、最も遠くまでボールを飛ばすことができる最適箇所を"スイートスポット"と呼びます。

　また、旅行に行ったときなど、そこで見逃してはならない名所のことを"観光スポット"と呼びますよね。

　このように、基本的に日本語では、"スポット"といったときには"点"とか"場所"という意味で用いられます。もちろん、英語でも"spot"はそうした意味を持つ名詞として用いられているのですが、"spot"にはそれと同じぐらい重要な動詞としての意味もあるのです。

　次の用例をご覧ください。

The little girl always cries when she spots a large dog.

　簡単な英文ですので、特に用語の説明は必要ないと思いますが、問題は最後の"she spots a large dog"という部分です。"大きな犬"を"spot"するとはどういう意味でしょうか。

　実は、この"spot"には"～を見つける"、"～に気づく"という意味があるのです。つまり、この例文は、"その小さな女の子は、大きな犬を見つけるといつも泣く"という意味になるわけです。

"spot"という単語に"点"、"場所"といったイメージが強くこびりついている日本人にとっては、これが"〜を見つける"という意味の動詞になるのは、ちょっと想像しにくいかもしれません。

　ただ、そうは言っても、日ごろから英米人は、"see"，"notice"，"realize"などの意味で、この"spot"を頻繁に使いますので、私たちもそれを覚えておくに越したことはありません。

　また、最後に1つだけつけ加えておきますと、"spot"は同じ"〜を見つける"という意味でも、"spot one's talent"という表現があるように、特に"人の隠れた才能を見抜く"という意味を持っていますので、ここで一緒に覚えておいていただければと思います。

A

「その小さな女の子は、大きな犬を　見つける　といつも泣く」

40
"detail" = "詳細"?

Q 次のdetailはどんな意味になるでしょうか。

> Police officers were <u>detailed</u> to the neighborhood in order to calm the rioters.

ヒント

「その地域の暴徒を鎮圧するために、警官が＿＿＿＿＿＿」

解説

　"detail"もいろんな意味がある単語です。おそらく、みなさんは受験勉強をしているときに、"detail"は"詳細"、また熟語の"in detail"は"詳細に"という意味であると覚えたと思います。
　そのため、"detail"が動詞として使われるなど、思いもしないという方がほとんどではないでしょうか。
　ところが、実際の生きた英語では、この"detail"は動詞としても非常に頻繁に使われているのです。たとえば、次のような使い方です。

Police officers were detailed to the neighborhood in order to calm the rioters.

　少し文章の補足説明をしておきますと、まず"neighborhood"というのは"地域"のことで、別の言葉で言えば"community"と言い換えることができます。
　"calm the rioters"というのは、"暴徒を鎮める"という意味です。
　ここまで説明すると、もうお分かりになったかもしれませんが、この用例にある"detail"というのは"～を派遣する"という意味なのです。

　ほかの英単語で言えば、"assign","appoint","send",

"dispatch"などがそれに近い意味を持っています。つまり、上記の用例は、"その地域の暴徒を鎮圧するために、警官が派遣された"という意味になるわけです。

なお、"detail"には、"派遣された警官や小隊"という派生的意味もあり、警備という任務を与えられた警官や小隊のことは"security detail"と言います。

A

「その地域の暴徒を鎮圧するために、警官が 派遣された 」

41
"level" = "水準"?

Q 次のlevelはどんな意味になるでしょうか。

The robber leveled the gun and fired, killing one of the employees at the bank.

 ヒント

「強盗は銃を＿＿＿＿＿＿発砲し、その銀行の従業員の1人を殺してしまった」

解説

　"高校レベル"や"大学レベル"、あるいは"レベルアップ"などという言い方があるように、今や"レベル"という言葉も、"水準"や"段階"を意味する名詞として完全に日本語に定着しています。
　もちろん、英語でもそのような意味で"level"は使われています。しかし、"level"はそれ以外に動詞としても、また形容詞としても使われるなど、非常に多彩な役割を果たしています。
　そんな中でも特に重要なのが、"level"が動詞として使われる場合です。
　動詞としての"level"には、特によく使われる重要な意味が2つあります。1つ目は次のような使い方です。

The robber leveled the gun and fired, killing one of the employees at the bank.

　ここでは、"level"は"level the gun"という部分で使われていますが、文章全体の感じから何となくこの意味がお分かりいただけたのではないでしょうか。
　そうです。この"level"は"〜を向ける"という意味なのです。つまり、この文章は、"強盗は銃を向けて発砲し、その銀行の従業員の1人を殺してしまった"という意味になるわけです。

これに加えて、動詞の"level"にはもう1つ重要な意味があります。それは次のような使われ方をしています。

The earthquake was so big that it leveled everything in the city.

ここでは"level everything in the city"となっていますが、これはどうも、先に見た"〜を向ける"という意味ではなさそうです。

実は、この"level"は"破壊する"という意味なのです。したがって、この文章は、"地震は大変大きかったので、市中にあったものすべてを破壊した"という意味になるわけです。

なお、"level"には"平らな"という形容詞の意味もありますが、それを"平らにする"という動詞と考えれば、"破壊する"という"level"の意味も幾分覚えやすくなるかもしれません。

A

「強盗は銃を　向けて　発砲し、その銀行の従業員の1人を殺してしまった」

42
"file" = "ファイル"?

Q 次のfileはどんな意味になるでしょうか。

A group of professors and journalists <u>filed</u> out of the bus and into the conference center.

ヒント

「大学教授とジャーナリストのグループはバスから降りて、会議センターに_____」

解説

　日本語で"ファイル"といえば、仕事や家庭で書類などを整理して入れておくためのビニールや紙製の文具がイメージされるのではないかと思います。

　もちろん、英語の"file"にもそれと同じ意味がありますが、そうした意味でこの単語が使われることはそれほど多くありません。

　むしろ、"file"という単語がより頻繁に使われるのは動詞としてなのです。では、どんな意味を持つ動詞として使われているのでしょうか。

　日本語の"ファイル"という意味からは少しイメージしにくいかもしれませんが、どんな意味になるのか、次の用例を読んでみてください。

A group of professors and journalists <u>filed</u> out of the bus and into the conference center.

　文章の中にある"バスからfileした"（filed out of the bus）とはどういう意味でしょうか。実は、名詞の"file"には、みなさんがよくご存じの文具の"ファイル"のほかに、"縦の列"という意味があり、そこから派生して"<u>列をつくって進む</u>"という動詞として使われることが多いのです。

したがって、先ほどの用例は、"大学教授とジャーナリストのグループはバスから降りて、会議センターに入っていった"という意味になるわけです。

　用例の後半に"and into"となっている部分がありますが、これは"and filed into"ということで、"filed"が省略されています。
　"file into 〜"という表現は、"〜の中に進んでいく"という意味でよく出てきますので、この機会にぜひ覚えておきましょう。

A

「大学教授とジャーナリストのグループはバスから降りて、会議センターに　入っていった　」

43
"root" = "根"?

Q 次のrootはどんな意味になるでしょうか。

From the first pitch to the final home run of the season, nothing delighted the baseball buff more than to <u>root</u>, root, root for his home team.

ヒント

「シーズンが始まって第一球目からシーズン最後のホームランまで、熱狂的な野球ファンにとってホームチームを＿＿＿＿＿＿ことほどうれしいことはなかった」

解説

　次は、"root"という名詞を取り上げたいと思います。"root"と言えば、おそらくたいていの方は"根"とか"根本"などという日本語を思い浮かべるのではないでしょうか。

　あるいは、"root"という言葉を聞けば、少し昔の話になりますが、親子３代の黒人奴隷の苦闘を描いた、アレックス・ヘイリーの『ルーツ』という小説を思い出す方もいらっしゃるかもしれません。
　実際、この小説の題名の『ルーツ』（Roots）は"先祖"や"祖先"という意味であり、"根"という意味と深い関連があります。

　また、ビジネスに携わっている方の中には、物事の"根本原因"を表す"root cause"という言葉があることをお聞きになった方もいらっしゃるかもしれません。
　いずれにせよ、多くの方は、"root"をこうした"根"や"根本"という意味の言葉として覚えていらっしゃるのではないかと思います。

　ところが、実際の英語で"root"が使われるのは、こうした"根"や"根本"という名詞としてではなく、動詞として使われることの方がはるかに多いのです。

では、どのような意味になるのでしょうか。次の用例をご覧ください。

From the first pitch to the final home run of the season, nothing delighted the baseball buff more than to root, root, root for his home team.

　この用例が野球に関するものであることはお分かりいただけたかと思いますが、問題は"root for his home team"をどう訳すかということです（なお、ここでは"root, root, root"と３度"root"が出てきますが、これについては、このあとご説明します）。

　実は、この"root"はその後に"for"を伴って"root for"という形になると、"〜を応援する"という意味になるのです。つまり、この用例は、"シーズンが始まって第一球目からシーズン最後のホームランまで、熱狂的な野球ファンにとってホームチームを応援することほどうれしいことはなかった"という意味になるわけです。

　なお、大リーグファンの方はお気づきになったかもしれませんが、実は用例中に出てくる"root, root, root for his home team"というのは、大リーグの試合でよく歌われる"Take me out to the ball game"という大変有名な歌の歌詞の一節なのです。
　相手チームの７回表の攻撃が終了し、これからホーム

チームが7回裏の攻撃に入る、そのインターバル（これを"7th inning stretch"と言います）の間に、球場の観客が一体となってホームチームを応援するのがこの歌です。

A

「シーズンが始まって第一球目からシーズン最後のホームランまで、熱狂的な野球ファンにとってホームチームを <u>応援する</u> ことほどうれしいことはなかった」

44
"comb" = "くし"?

Q 次のcombはどんな意味になるでしょうか。

I spent most of yesterday combing through the want ads and making phone calls to get a job.

ヒント

「私は昨日のほとんどを、求人広告を＿＿＿＿＿＿、電話をかけて職を見つけることに費やした」

解説

　次に取り上げるのは"comb"という単語です。この単語については、みなさんは整髪用の"くし"という意味で理解されている方が多いのではないかと思います。

　もっとも、最近は日本でも"くし"のことを"コーム"と呼ぶこともありますので、"comb"＝"くし"というのは今や常識になっているのかもしれません。

　このように、"comb"はある意味、すでに日本語となって多くの日本人に使われているのですが、実際の英語ではこれが動詞として使われており、しかもそれが"くし"という名詞以上に頻繁に使われているということをご存じの方は意外に少ないのではないかと思います。

　では、"comb"はどのような意味の動詞として使われているのでしょうか。まずは用例をどうぞ。

I spent most of yesterday <u>combing</u> through the want ads and making phone calls to get a job.

　この用例では、"combing through the want ads"として出てきていますが、"want ads"とは"求人広告"のことです。では、"求人広告"を"comb through"するとは、いったいどういう意味なのでしょうか。

　もうお分かりの方もいらっしゃるかもしれませんが、

これは"〜を徹底的に探す"、"〜を細かく調べる"、"〜を精査する"という意味なのです。

つまり、上記の用例は、"私は昨日のほとんどを、求人広告をくまなく探し、電話をかけて職を見つけることに費やした"という意味になるわけです。

なお、海岸などに漂着した珍しいものや貴重なものを収集する人のことを"beachcomber"と呼びますが、これなどはまさに海岸（**beach**）をくまなく探す人（**comber**）という意味なので、納得の表現といえます。

A

「私は昨日のほとんどを、求人広告を　くまなく探し　、電話をかけて職を見つけることに費やした」

45
"railroad" = "鉄道"?

Q 次のrailroadはどんな意味になるでしょうか。

Why is this bill to be rushed and railroaded through this Senate in violation of all the ethics?

ヒント

「倫理的な問題があるにもかかわらず、なぜこの法案をこんなに急いで上院を＿＿＿＿＿＿なければならないのか」

解説

　本章では英語の名詞の中で、私たち日本人には思いもよらないような意味の動詞として使われているものをご紹介していますが、これからご紹介する"railroad"などはまさにその典型といえるかもしれません。

　おそらく、多くの方々にとっては、"railroad"が"鉄道"以外のものを意味すること、しかもそれが動詞として使われることなど想像しにくいのではないでしょうか。

　しかしながら、驚くべきことに、この"railroad"は特に政治関係の動詞として、今でも非常に頻繁に使われているのです。

　なお、これについては、下記の用例のように、"railroad through"という形で使われることが多くなっています。では、これはいったい、どういう意味なのでしょうか。

Why is this bill to be rushed and railroaded through this Senate in violation of all the ethics?

　文中の語句について若干の補足をしますと、"bill"は"法案"、"Senate"は"上院"、"ethics"は"倫理"のことです。

　これでこの用例が、上院で法案を通すことに関する記述だということはご理解いただけるかと思いますが、残

る問題は"railroad through"の意味をどう理解するかです。

正解を言うと、実はここでの"railroad"というのは、"〜を無理に急がせる"、"〜を強行採決する"という意味になるのです。

したがって、この用例の意味は、"倫理的な問題があるにもかかわらず、なぜこの法案をこんなに急いで上院を通過させなければならないのか"ということになるわけです。

今回ご紹介した"railroad"の動詞については、向こうから電車が走ってきて、障害物などを物ともせずに、そのまま突っ切ってしまうイメージでとらえていただくと、覚えやすくなるかもしれません。

A

「倫理的な問題があるにもかかわらず、なぜこの法案をこんなに急いで上院を　通過させ　なければならないのか」

46
"resort" = "リゾート地"?

Q 次のresortはどんな意味になるでしょうか。

> Students at the university take part in research why American society resorts to violence so easily.

ヒント

「その大学の学生たちは、なぜアメリカ社会がこんなにも簡単に暴力に＿＿＿＿＿＿のか研究するプロジェクトに参加している」

解説

　毎日忙しい生活をしていると、ゴールデンウィークや年末年始などまとまった休みが取れるときには、どこかに行って日ごろの疲れをゆっくり癒したいという気持ちになるものです。

　そんなときに行くところとしては、国内なら沖縄、海外ならハワイなどの海のきれいなリゾート地が今も人気があるようです。

　今ではあまり聞かなくなりましたが、一時はそうしたリゾート地でゆっくり楽しむことを、"リゾッチャする"などという言い方をしたこともありました。

　このように、"リゾート"という言葉は、今や完全に日本語として定着しています。そうしたこともあり、英語の"resort"という単語を見ても、"リゾート地"以外に意味があるとは思いもよらないという方が多いのではないでしょうか。

　ところが、実際のネイティブ英語では、"resort"は"リゾート地"という名詞とはまったくかけ離れた動詞として使われているのです。

　では、どんな使い方をされているのか、次の用例を見ていただくことにしましょう。

Students at the university take part in research

why American society <u>resorts</u> to violence so easily.

　問題は"resorts to violence"という部分ですが、暴力に"resort"するとはどういう意味でしょうか。暴力とリゾート地は何も関係がなさそうですよね。
　そうなのです。実は、"resort"には動詞として、"<u>(最後の手段として)〜に訴える</u>"という意味があるのです。
　したがって、上記の用例は、"その大学の学生たちは、なぜアメリカ社会がこんなにも簡単に暴力に訴えるのか研究するプロジェクトに参加している"という意味になるわけです。

　なお、"resort"がこの意味の動詞として使われるときには、用例のように、その後に"to"をつけて、"resort to 〜"という形になりますので、これもぜひ覚えておいてください。

A

「その大学の学生たちは、なぜアメリカ社会がこんなにも簡単に暴力に　訴える　のか研究するプロジェクトに参加している」

47
"fashion" = "ファッション"?

Q 次のfashionはどんな意味になるでしょうか。

> Japan has been busy fashioning itself as the most welcoming country for foreign tourists.

ヒント

「日本は外国人観光客を最も歓待する国と＿＿＿＿＿＿＿よう、一生懸命努力している」

解説

　次は、"fashion"という単語を取り上げます。"fashion"といえば、女性服などの"ファッション"しか思いつかないかもしれませんが、驚くべきことに、この"fashion"にもよく使われる動詞としての意味があるのです。
　では、"fashion"がどういう意味を持つ動詞として使われるのか、さっそくその用例を見ていただきましょう。

Japan has been busy fashioning itself as the most welcoming country for foreign tourists.

　少子高齢化が著しい日本は内需が伸びないため、経済を活性化させる一助として、外国人観光客の買い物需要に大きな期待を寄せています。そうしたこともあり、近年、日本は官民を挙げて外国人観光客の誘致に大変熱心に取り組むようになりました。
　上記用例の文章は、まさにそんな最近の日本についての記述なのですが、この文章を理解するうえで鍵になるところで、"fashion"が動詞として登場しています。
　実は、ここでの"fashion"は名詞の"ファッション"とはまったく関係がなく、"〜をつくり出す"、"〜を形づくる"という意味の動詞として使われているのです。
　つまり、用例の文章は、"日本は外国人観光客を最も歓待する国となれるよう、一生懸命努力している"とい

う意味になるわけです。

　なお、名詞としての"fashion"には、通常の"ファッション"という意味のほかに、もう1つよく使われる重要な意味があります。
　具体的には、"in a systematic fashion"（システマチックなやり方で）とか、"in an orderly fashion"（秩序だったやり方で）などといったような表現で出てきます。
　これは、"way"と同じように、"方法"、"やり方"といった意味です。"fashion"にはこうした意味があることも、ぜひ押さえておいてください。

A

「日本は外国人観光客を最も歓待する国と＿＿＿なれるよう、一生懸命努力している」

48
"doctor" = "医者"?

Q 次のdoctorはどんな意味になるでしょうか。

> The photographer working at the newspaper was fired for doctoring the pictures he had taken.

ヒント

「その新聞社の写真記者は、自分が撮った写真を＿＿＿＿＿＿
＿＿＿＿＿ために解雇された」

解説

　次は、"doctor"という誰でも知っている単語を取り上げたいと思います。これもまた一筋縄ではいかない単語です。"doctor"には、みなさんがご存じの"医者"という意味のほかに、思いもよらないような動詞としての意味があるのです。
　それでは、さっそくその用例を見てみましょう。

The photographer working at the newspaper was fired for doctoring the pictures he had taken.

　新聞社の写真記者が解雇された（fired）ということですから、当然悪いことをしたのだと思いますが、いったい何をしたのでしょうか。解雇された理由は"for"以下に書いてあるはずですが、そこには"doctoring"という言葉が書いてあります。
　悪いことをしたはずなのに、患者を治すという良い仕事をするはずの"doctor"という言葉がここにあるのは、いったいどういうことなのでしょうか。

　そういう疑問を感じるのも当然だと思いますが、実は、この"doctor"という単語は"医者"という名詞からは考えられないような、"(文書などを) 改ざんする"、"不正に変更する"といった非常に悪い意味があるのです。

別の英語に言い直せば、"falsify","manipulate","tamper with","tinker with"などがそれに当たります。
　したがって、上記の用例は、"その新聞社の写真記者は、自分が撮った写真を改ざんしたために解雇された"という意味になるわけです。

　なお、こうした悪い意味の"doctor"と同じような意味で使われる単語に"cook"があります。
　"cook"も通常は"料理する"という意味なのですが、"cook the books"（会計数字を操作する）などという表現があるように、"ごまかす"、"不正を働く"という意味があるのです。
　"料理する"という意味から"ごまかす"が派生するとは、とても面白いですね。

A

「その新聞社の写真記者は、自分が撮った写真を　改ざんした　ために解雇された」

49
"champion" = "優勝者"?

Q 次のchampionはどんな意味になるでしょうか。

> The presidential candidate has vigorously championed civil rights and human rights issues.

「その大統領候補は、これまで公民権および人権問題を強く_____」

解説

"オリンピックチャンピオン"や"ボクシングの世界チャンピオン"といった言い方をするように、日本語では、"チャンピオン"といえば、一般にはスポーツなどの競技における優勝者のことを意味しています。

もちろん、英語でも日本語と同じように、"champion"は優勝者や勝者のことを意味するのですが、実際の英語では、動詞としての方がよく使われています。

では、"champion"には動詞としてどんな意味があるのか、まずは下記の用例をご覧いただくことにしましょう。

"champion"であるような人はどのような人であるべきか、と考えれば、なんとなくそのイメージが想像できるかもしれません。

The presidential candidate has vigorously championed civil rights and human rights issues.

いかがでしょうか。なんとなくイメージが湧いてきたでしょうか。この文章のように、"champion"には"〜を擁護する"、"〜を支持する"という意味があるのです。

ほかの英語でいえば、"**advocate**"、"**defend**"、"**protect**"、"**support**"、"**uphold**"などといった単語が、その類似語

になります。

　したがって、この文章は、"その大統領候補は、これまで公民権および人権問題を強く擁護してきた"という意味になるわけです。

　"champion"であるからには、自分一人のためではなく、みんなのためのことを考えて行動できる人でなければなりません。
　そして、そんな人であれば、まわりの人たちの主義主張を擁護し、支持するのが当然だという発想が、この言葉の裏にはありそうです。

A

「その大統領候補は、これまで公民権および人権問題を強く　擁護してきた　」

50
"merit" = "利点"？

Q 次のmeritはどんな意味になるでしょうか。

What he has accomplished this year merits our attention and recognition.

 ヒント

「彼が今年成し遂げたことは、私たちが注目し、高く評価するに_____」

解説

　さて、次に取り上げるのは"merit"という単語です。みなさんも、"merit"は"利点"や"長所"という意味の名詞としてよくご存じだと思います。

　しかし、この"merit"ですが、どうも実際の英語では、日本人が理解しているような意味合いではあまり使われていないのです。

　日本人は"メリットとデメリット"という言い方をよくしますが、実際にアメリカで生活していても、そういう言い方はあまり聞きません。

　そんなときには、むしろ、"pros and cons"（賛成と反対）とか、"strengths and weaknesses"（強みと弱み）という言い方の方が好まれているように思います。

　では、"merit"はどんな意味として使われるのかといいますと、一番多く使われるのは、個人の"能力"や"業績"といった意味なのです。

　"能力給制度"のことを英語では"merit pay system"と言いますが、これなどはまさに"merit"の典型的な使い方だといえるでしょう。

　そのほかに、みなさんに知っていただきたいのは、"merit"が動詞として非常によく使われているということです。

　では、"merit"には動詞としてどんな意味があるのか、

まずは次の用例を見てみましょう。

What he has accomplished this year merits our attention and recognition.

　これは"merit"の動詞としての典型的な使い方で、日本人にはなかなか出てこない、まさにネイティブならではの英語といえます。
　では、どういう意味かといいますと、実はこの"merit"には、"〜に値する"、"〜の価値がある"という意味があるのです。ほかの英語でいえば、"deserve"がこの場合の"merit"の意味に一番近いといえるでしょう。

　というわけで、上記の文章は、"彼が今年成し遂げたことは、私たちが注目し、高く評価するに値するものだ"という意味になるわけです。

「彼が今年成し遂げたことは、私たちが注目し、高く評価するに　値するものだ　」

51
"signature" = "サイン"?

Q 次のsignatureはどんな意味になるでしょうか。

> Mr. Trump's supporters, particularly coal state Republicans, are eager for him to withdraw from the Paris accords, seeing such a move more as a fulfillment of a <u>signature</u> campaign promise.

ヒント

「トランプの支持者、そんな中でも特に石炭産出州の共和党支持者は、トランプが＿＿＿＿＿＿選挙公約を実現させて、パリ協定から離脱することを強く求めている」

解説

　この章では、みなさんがよくご存じの英語の名詞の中で、思わぬ意味の動詞として使われている単語をご紹介してきました。

　これからご紹介する3つの単語は、みなさんがよくご存じの名詞なのですが、意外にも形容詞としての意味を持っているものをご紹介していきたいと思います。

　では、まず最初に取り上げるのは"signature"という単語です。おそらく、みなさんの多くは"signature"という単語を聞くと、すぐに"サイン"や"署名"のことを思い浮かべるのではないでしょうか。

　ところが、実際に英字新聞や雑誌を読んでいくと、"signature"という単語によく出会うことがあっても、それが"サイン"という意味で使われている場合は非常に少ないのです。

　そうした場面に出会うことがたびたびあったため、調べてみたところ、"signature"には、形容詞としての重要な意味があることが分かったのでした。

　では、"signature"には形容詞（修飾語）として、どんな意味があるのでしょうか。いつものように、まずはその用例からご覧いただくことにしましょう。

　次の用例は、トランプ大統領が共和党の自分の支持者

から、地球温暖化に関するパリ協定から離脱するよう求められている、というニューヨークタイムズの記事から取ったものです。

Mr. Trump's supporters, particularly coal state Republicans, are eager for him to withdraw from the Paris accords, seeing such a move more as a fulfillment of a <u>signature</u> campaign promise.
(New York Times, 5/27/2017)

　１つひとつの語句自体はそれほど難しくないと思いますが、多少の補足説明をしておきましょう。
　まず、"coal state Republicans" というのは、ウェスト・バージニア州やケンタッキー州などのような "石炭を産出する州の共和党員" という意味です。
　"Paris accords" というのは地球温暖化ガス排出量削減のための "パリ協定" のことで、"fulfillment" は物事を "達成"、"実現" すること、そして、"campaign promise" は "選挙公約" のことを意味しています。

　これで文章のだいたいの意味はお分かりいただけたかと思いますが、やはり最大の難関は、文章の最後に出てくる "a signature campaign promise" の部分です。
　この "signature" を "サイン" や "署名" という意味に解釈しても、文章の意味は通じませんよね。それも当然のことで、実はこの "signature" には <u>"特徴的な"</u>、

"代表的な"という形容詞の意味があるのです。

　ほかの単語で言えば、"**characteristic**"や"**distinctive**"などがそれに近い意味になります。

　というわけで、前記の用例は、"トランプの支持者、そんな中でも特に石炭産出州の共和党支持者は、トランプが代表的な選挙公約を実現させて、パリ協定から離脱することを強く求めている"という意味になるわけです。

A

「トランプの支持者、そんな中でも特に石炭産出州の共和党支持者は、トランプが　代表的な　選挙公約を実現させて、パリ協定から離脱することを強く求めている」

52
"summary" = "要約"?

Q 次のsummaryはどんな意味になるでしょうか。

> Summary dismissal may arise in relation to serious misconduct, and where misconduct is repeated.

ヒント

「重大な不正行為や、またそうした不正行為が繰り返される場合は、＿＿＿＿＿解雇することができる」

解説

　次は"summary"という単語を取り上げたいと思います。"summary"も"要約"という意味で、今や日本語になりつつあります。特にビジネスではよく使われる単語で、長い文書や資料などの"要約"という意味で日常的に使われるようになっています。

　私もまだ若いころに、会社の上司から何十ページにも及ぶ長い書類を渡されて、"これを２、３枚のサマリーにまとめておいて"などとよく言われました。

　そのように私も、"summary"は"要約"という意味でしか理解していなかったのですが、あるとき英文を読んでいるとこの"summary"という単語が出てきました。しかし、何度読み返しても"要約"という訳語では意味が通らないのです。

　その後も"要約"という意味では使われていないように思われるこの単語に頻繁に出会うようになり、ようやく辞書を調べて、"summary"には"要約"以外にも重要な意味があるということを知ったのでした。

　では、私がようやく知った"summary"の"要約"以外の重要な意味とはいったい何だったのでしょうか。

　まずは用例をご覧ください。

Summary dismissal may arise in relation to serious misconduct, and where misconduct is repeated.

いつものように、まず語句から説明しておきますと、"dismissal" は "解雇" のことで、"arise" は "(物事が)起こる" という意味です。それから、"misconduct" というのは "違法行為"、"不正行為"、"不品行" といった意味になります。

さて、最大の問題は、冒頭の "summary dismissal" をどういう意味に理解するかですが、この "summary" を "要約" と訳したのでは意味が通じません。

それもそのはずで、実はこの "summary" には "即座の"、"すぐの"、"略式の" といった意味があるのです。"要約" という意味から "手短な" という意味ができて、そこから "即座の" という意味が生まれてきたのかもしれません。

ということで、前記の用例は、"重大な不正行為や、またそうした不正行為が繰り返される場合は、即時解雇することができる" という意味になるわけです。

なお、"summary" については、そのまま "summary" という形で出てくるよりも、"summarily"（即座に）という副詞形の方がより多く出てきますので、これもあわせて覚えておきましょう。

A

「重大な不正行為や、またそうした不正行為が繰り返される場合は、__即時__ 解雇することができる」

53
"material" = "材料"?

Q 次のmaterialはどんな意味になるでしょうか。

This document provides <u>material</u> information about the company to help you make an informed decision about investing.

 ヒント

「この書類にはあなたが確かな情報に基づいた投資判断を行う上で参考になる、当該企業に関する＿＿＿＿＿＿情報が記載されている」

解説

　さて、本章で取り上げる単語もこれで最後になりました。最後を飾る単語として"material"を取り上げてみたいと思います。

　みなさんにとっては、"material"も大変なじみの深い単語の1つで、"材料"という意味で理解されている方が多いのではないかと思います。実際の英語でも"material"の第一義は"材料"ですので、みなさんの理解はそれで間違っているわけではありません。

　ただ残念ながら、"material"も、これまでご紹介してきた単語と同じように、よく知られた名詞としての意味以外に、非常によく使われる重要な形容詞としての意味があるのです。

　たとえば、次の用例のような場合です。

This document provides <u>material</u> information about the company to help you make an informed decision about investing.

　語句について説明しておきますと、"provide"は"提供する"、"informed"というのは"確かな情報に基づいた"、"正しい情報に基づいた"という意味です。したがって、"make an informed decision about investing"で、"確かな情報に基づいた投資判断を行う"という意

味になります。

なお、この"informed"を使った言葉には、"informed consent"という有名な言葉があります。みなさんもお聞きになったことがあると思いますが、これは医師と患者との関係を表す言葉の1つで、医師が患者に病状、治療法、薬の内容などを十分に説明したうえで、患者の同意を得た上で治療を行うという考え方です。

つまり、この"informed"には、"確かで十分な情報を持っている"という含意があるわけです。

さて、少し脱線しましたので用例に戻ります。用例の中であと問題として残っているのは"material information"という部分ですが、これを"材料情報"と訳しては、何のことだか分かりませんよね。

実は、この"material"には<u>"重要な"</u>という意味があるのです。つまり、"material information"とは"重要情報"という意味なのです。

ということで、前記の用例は、"この書類にはあなたが確かな情報に基づいた投資判断を行う上で参考になる、当該企業に関する重要情報が記載されている"という意味になるわけです。

「この書類にはあなたが確かな情報に基づいた投資判断を行う上で参考になる、当該企業に関する <u>重要情報</u> が記載されている」

第3章

この**形容詞**に
こんな意味が
あったとは

本章では、みなさんがよくご存じの英語の形容詞のうち、みなさんが覚えておられる意味とはまったく違った意味で用いられ、しかも英米人の日常会話だけでなく、英字新聞や雑誌記事などでも非常によく使われている形容詞をご紹介していきたいと思います。

54
"wholesale" = "卸売り"?

Q 次のwholesaleはどんな意味になるでしょうか。

> Soon after he became CEO of the company, he began to preside over a <u>wholesale</u> revamp of the company's operations.

 ヒント

「彼はCEOに就任した後すぐ、会社業務に関する_____ _____改革に着手した」

解説

　最初にご紹介するのは"wholesale"という形容詞です。最近は日本でも、コストコなどが運営する会員制のディスカウントショップが"ホールセールクラブ"と呼ばれて各所にできています。

　そうした影響もあり、多くの方は"wholesale"＝"卸売り"という理解をされているのではないかと思います。

　もちろん、英語でも"wholesale"は"卸売り"という意味で使われています。しかし、英米の新聞や雑誌では、それとはまったく違った意味で用いられることの方が多くなっているのです。

　それでは、いったい"wholesale"はどんな意味の形容詞として使われているのでしょうか。次の用例をご覧ください。

Soon after he became CEO of the company, he began to preside over a <u>wholesale</u> revamp of the company's operations.

　最初に用例中の語句について、簡単に補足説明しておきましょう。まず、"preside over"ですが、これは"主宰する"とか"統括する"という意味です。それから、"revamp"は"改革"、あるいは"改良"のことで、"改革する"という動詞としても使われます。

さて、あと残る問題は"wholesale"をどう訳すかです。この"wholesale"を通常の"卸売り"と訳して、その部分を"会社の卸売り部門の改革"と訳してもそれで意味は通るように思われた方もいらっしゃるかもしれませんが、残念ながら、それは正解ではありません。

　実は、ここで使われている"wholesale"は"大規模な"、あるいは"全面的な"という意味なのです。別の英語で言うと、"large scale","extensive","widespread","wide ranging"などがその類義語になります。
　つまり、先の用例は、"彼はCEOに就任した後すぐ、会社業務に関する大規模な改革に着手した"という意味になるわけです。

A

「彼はCEOに就任した後すぐ、会社業務に関する　大規模な　改革に着手した」

55
"measured" = "計った"?

Q 次のmeasuredはどんな意味になるでしょうか。

> The present crisis in the region does not pose a direct threat to our country and therefore our response should be <u>measured</u>.

ヒント

「その地域における現在の危機的状況は、わが国に直接的な脅威を与えるものではないので、その対応は_____すべきだ」

解説

　次に取り上げるのは、"measured"という形容詞です。"measured"については、"measure"="計る"という意味から連想して、どうしても"計った"とか"計算された"といった意味として理解しがちです。

　もちろん、それは必ずしも間違いではなく、"measured"がそのような意味で用いられることもあります。しかし、"measured"には、そうした意味よりもはるかに高い頻度で用いられる意味があるのです。

　下記の用例は、その典型的な使われ方です。

The present crisis in the region does not pose a direct threat to our country and therefore our response should be <u>measured</u>.

　まず、語句の説明からしておきますと、"present crisis"というのは"現在の危機"という意味で、"pose a direct threat"は"直接的な脅威になる"という意味です。

　なお、"pose"については、日本語の発想から"ポーズをとる"という意味に解釈されたかもしれませんが、この"pose"はそういう意味ではなく、"(問題などを)引き起こす"という意味になります。それから、"measured"の前に出てくる"response"は"対応"と

いう意味です。

さて、ここまで分かれば、あとは文章の最後に出てくる"measured"の意味をどう解釈するかです。

正解を申し上げますと、この"measured"は"慎重な"、"抑制した"という意味なのです。ほかの英語で言えば、"careful","calm","deliberate"などがそれに近い類義語になります。

ということで、先の用例は、"その地域における現在の危機的状況は、わが国に直接的な脅威を与えるものではないので、その対応は慎重にすべきだ"という意味になるわけです。

"measure"の訳語である"計る"という意味からの類推だけでは、"measured"に"慎重な"という意味があることは思いつきにくいかもしれません。しかし、これは英字新聞や雑誌だけでなく、ネイティブスピーカーの日常会話の中でも非常によく使われる意味ですので、ぜひこの機会に覚えていただければと思います。

A

「その地域における現在の危機的状況は、わが国に直接的な脅威を与えるものではないので、その対応は __慎重に__ すべきだ」

56
"qualified" = "資格がある"?

Q 次のqualifiedはどんな意味になるでしょうか。

> The Republican Party has historically been the bastion of support for US-Japan relationship, but that support is more qualified because of the trade tensions between the two countries.

ヒント

「共和党は歴史的に日米関係の拠りどころであったが、両国間の貿易摩擦のため、今や共和党のサポートはより＿＿＿＿＿＿＿＿ものとなっている」

解説

　次に取り上げるのは、"qualified"です。これもみなさんの思いもよらないような意味の形容詞として頻繁に使われている単語です。

　おそらく、みなさんの中には、"qualified"という単語は、その原型である"qualify"の意味から連想して、"資格がある"という意味だと理解されている方が多いと思います。

　実は、私も以前はそうで、長い間、"qualified"＝"資格がある"という意味だと思い込んでいました。

　ところが、あるときニューヨークタイムズを読んでいるとこの"qualified"という単語が出てきたのですが、"資格がある"という訳ではどう考えても意味が通らないのです。

　そこでいろいろ辞書を調べて、初めて"qualified"にそれ以外の極めて重要な意味があることを発見したのでした。

　では、"qualified"には"資格がある"という意味以外に、いったいどのような意味があるのでしょうか。

The Republican Party has historically been the bastion of support for US-Japan relationship, but that support is more <u>qualified</u> because of the trade tensions between the two countries.

いかがでしょうか。多少難しい語句があるかもしれませんので、それから先にご説明しておきましょう。まず、"Republican Party" というのは "共和党" のことで、"bastion" というのは "砦"、"拠りどころ、拠点" という意味です。それから、"trade tensions" は "貿易摩擦" のことです。

そうすると、残る問題は "that support is more qualified" という部分ですが、特に "qualified" はどう訳すかが最大の問題です。ここではどう考えても、"資格がある" という意味ではなさそうです。

正解を申し上げますと、実はこの "qualified" は "限定された"、"条件つきの" という意味なのです。つまり、前記用例の意味は、"共和党は歴史的に日米関係の拠りどころであったが、両国間の貿易摩擦のため、今や共和党のサポートはより限定されたものとなっている" ということになるわけです。

このように、"qualified" には "資格がある" という意味と "限定された" という２つの意味があるのですが、どちらの意味も同じ程度によく使われていますので、そのときの文脈で意味を判断するようにしてください。

A

「共和党は歴史的に日米関係の拠りどころであったが、両国間の貿易摩擦のため、今や共和党のサポートはより＿制限された＿ものとなっている」

57
"categorical" = "カテゴリーの"?

Q 次のcategoricalはどんな意味になるでしょうか。

The military officers were categorical in saying that they were not attempting to overthrow the government.

ヒント

「将校たちは、自分たちには政府を転覆するような考えは
＿＿＿＿＿＿なかったと言った」

解説

　次に取り上げるのは"categorical"という単語ですが、これもなかなかトリッキーな単語です。というのも、"category"という単語が"範疇"や"分野"を意味する"カテゴリー"という日本語として定着しているため、その形容詞である"categorical"も"カテゴリー"の延長線上の意味で考える方が多いからです。

　もちろん、"categorical"は"範疇の"、"分野の"といった"category"の原義を反映した形容詞としても使われています。しかし、それよりも"categorical"がより頻繁に使われているのは、それとはまったく違った意味としてなのです。

　では、それがいったいどういう意味で使われているか、まずは次の用例をご覧いただきましょう。

The military officers were categorical in saying that they were not attempting to overthrow the government.

　あまり難しい語句はないと思いますが、念のために補足しておきますと、まず"military officers"とは"将校"のことです。それから、"overthrow the government"とは"政府を転覆させる"という意味です。

　それでは、文章の冒頭に書かれている、将校たちは

"categorical"だったというのは、いったいどういう意味なのでしょうか。正解を申し上げますと、この"categorical"は"断定的な"、"明確な"、"絶対的な"といった意味なのです。

なお、前項で"qualified"（限定された）という単語を取り上げましたが、それを否定形の"unqualified"にすると、それは"限定されていない"、"条件つきではない"という意味になり、この"categorical"と非常に近い意味になります。

このように、"categorical"には「強い断定」の意味がありますので、先の用例は、"将校たちは、自分たちには政府を転覆するような考えはまったくなかったと言った"という意味になるわけです。

なお蛇足ですが、"categorical"は形容詞として使われるよりも、たとえば"deny categorically"（明確に否定する）のように、副詞として使われることの方が多くなっていますので、これも頭の片隅に置いておいていただければと思います。

A

「将校たちは、自分たちには政府を転覆するような考えは　まったく　なかったと言った」

58
"handsome" = "ハンサム"?

Q 次のhandsomeはどんな意味になるでしょうか。

The former president sold the rights to his memoirs for a handsome sum to the publisher.

ヒント

「前大統領は出版社に対して、彼の回顧録を出版する権利を＿＿＿＿＿金額で売った」

解説

　次に取り上げるのは"handsome"という単語です。これはすでに"ハンサム"という日本語としても定着しており、特に男性が整った顔立ちをしていること、いわゆる"男前"、"イケメン"という意味で広く一般に使われています。

　英語でも、"handsome"の基本的な意味は"good-looking"ということで、日本語の"ハンサム"の使い方とそう大きな違いがあるわけではありません。ただ、そうは言っても、まったく違いがないわけでもありません。

　たとえば、日本語の"ハンサム"とは違って、英語の"handsome"の場合は、女性にも、また物に対しても使うことができます。つまり、英語では、"a handsome woman"や"a handsome building"などという言い方が可能なわけです。

　このように、日本語の"ハンサム"と英語の"handsome"の間には使い方の点で多少の違いがあります。

　こうした一般的意味のほかに、英語の"handsome"には、みなさんがなかなか思いつかない、もう1つの重要な意味があるのです。では、それはいったいどんな意味で使われるのか、その用例をご覧いただきましょう。

The former president sold the rights to his memoirs for a <u>handsome</u> sum to the publisher.

　いつものように、語句の補足説明を少ししておきますと、まず"rights"は"権利"という意味で、"memoirs"は"回顧録"、そして"publisher"は"出版社"という意味です。
　ここまで書くと、だいたいの文意はご理解いただけるかと思いますが、用例の内容は前大統領が大統領時代の回顧録の権利を売ったということのようです。
　では、その出版の権利をどれぐらいの金額で売ったのでしょうか。用例によると、それは"for a handsome sum"だったということですが、"ハンサムな金額"とはどういう意味なのでしょうか。
　実は、"handsome"には"ハンサム"という意味以外に、金額などが"かなりの"、"相当な"という、もう１つの非常によく使われる意味があるのです。
　ということで、上記の用例は、"前大統領は出版社に対して、彼の回顧録を出版する権利を相当な金額で売った"という意味になるわけです。

A

「前大統領は出版社に対して、彼の回顧録を出版する権利を　相当な　金額で売った」

59
"obscene" = "わいせつな"?

Q 次のobsceneはどんな意味になるでしょうか。

The obscene inequalities of wealth dividing the rich and the poor must be addressed.

 ヒント

「富者と貧者を隔てる＿＿＿＿＿＿富の不平等問題に対処しなければならない」

解説

　次は"obscene"です。おそらく、みなさんの多くは受験勉強のときに、"obscene"＝"わいせつな"という意味で覚えたのではないでしょうか。

　また、"obscene"の名詞形である"obscenity"を複数形にした"obscenities"が、"わいせつな言葉"という意味であることもご存じかもしれません。

　しかし、この"obscene"には、これ以外にも、ちょっと想像がつきにくい重要な意味があるのです。下記の用例中にある"obscene"などは、まさにその典型的な使われ方と言えます。

　用例をお読みいただければ、ここでの"obscene"が"わいせつな"という意味で使われていないことはお分かりいただけるのではないかと思います。では、それに替わるどんな訳を当てはめればいいのでしょうか。

The <u>obscene</u> inequalities of wealth dividing the rich and the poor must be addressed.

　まず、用例の中にある、"inequalities of wealth"というのは"富の不平等"という意味で、その後の"dividing the rich and the poor"（富者と貧者を隔てる）がそれを後ろから修飾しています。

　つまり、"inequalities of wealth dividing the rich and

the poor"というのは、"富者と貧者を隔てる富の不平等"という意味になるわけです。

また、最後の"address"については、第2章の冒頭でも取り上げましたが、その意味を覚えていらっしゃいますか？　"(問題などに)対処する"という意味でしたね。

ここまでの意味も分かると、文章のおおよその意味は理解できるのではないかと思いますが、問題は文章の最初に出てくる"obscene"がどういう意味かということです。

ただ、全体の文意から、また"obscene"が"わいせつな"という意味も持っていることから、少なくとも、あまり良い意味で使われていないことだけは、なんとなくお分かりいただけるのではないでしょうか。

実際、そのとおりで、この"obscene"には、"吐き気をもよおすほど過剰な"、"法外な"、"常識から外れた"などという意味があるのです。

別の英語では、"outrageous","scandalous","offensive","repulsive"などがその類義語になります。

というわけで、先の用例は、"富者と貧者を隔てる過剰なほどの富の不平等問題に対処しなければならない"という意味になるわけです。

なお、この"obscene"については、破格の高額報酬を得ているアメリカの企業経営者を批判するときなどに

も、"obscene compensation"などという表現として新聞や雑誌の中によく出てきます。

　一部のアメリカの企業経営者は何十億円という破格の高額報酬を得ていますが、そうした高額報酬は、"吐き気をもよおすほど過剰"で、"常識から外れた"、"法外な"ものでありますので、まさにこれを"**obscene**"と呼ぶのはぴったりだと言えるでしょう。

A

「富者と貧者を隔てる　過剰なほどの　富の不平等問題に対処しなければならない」

60
"tentative" = "仮の"?

Q 次のtentativeはどんな意味になるでしょうか。

It is very interesting that experts are more persuasive when they are <u>tentative</u> about their conclusions.

 ヒント

「専門家は自らの主張の結論に＿＿＿＿＿ときの方が、より説得力が増すというのは大変興味深いことだ」

解説

　商社マンの会話では、よく"テンタティブ"という単語を使います。たとえば、面談や会食の約束をするときなど、自分と相手の都合が一度に合えば問題ないのですが、必ずしもそんなときばかりではありません。

　今は予定が入る可能性があるけれど、その予定がなくなる可能性もあるという日もあります。そんなとき、とりあえず仮に、その日に面談あるいは会食することにしておきましょうという意味で、"テンタティブに日程を決めておく"というような言い方をするわけです。

　実際に使われている英語でも、"tentative"の第一義は"仮の"、"一時的な"、"暫定的な"ということですので、こうしたビジネスの現場における"tentative"の使い方は正しいと言えます。

　しかしながら、"tentative"にはこうした"仮の"、"暫定的な"という意味のほかに、もう１つ非常によく使われる重要な意味があります。では、それはいったいどんな意味なのでしょうか。次の用例をご覧ください。

It is very interesting that experts are more persuasive when they are tentative about their conclusions.

用例中の"persuasive"は"説得力がある"という意味で、"conclusion"は"結論"という意味です。
　したがって全体の意味は、"専門家は自らの主張の結論に対して"tentative"であるとき、より説得力がある"ということになるのですが、自らの主張に"tentative"であるとはいったいどういう意味なのでしょうか。

　実は、この"tentative"には、<u>"ためらいがちな"、"自信なさげな"、"躊躇する"</u>という意味があるのです。別の英語では、"hesitant"や"cautious"などがその類義語と言えるでしょう。

　つまり、上記の用例は、"専門家は自らの主張の結論に自信なさげなときの方が、より説得力が増すというのは大変興味深いことだ"という意味になるわけです。

A

「専門家は自らの主張の結論に　自信なさげな　ときの方が、より説得力が増すというのは大変興味深いことだ」

61
"pregnant" = "妊娠している"?

Q 次のpregnantはどんな意味になるでしょうか。

> You may not be pregnant with an actual baby, but you are pregnant with a lot of original ideas.

💡 ヒント

「あなたは実際の赤ちゃんは宿していないかもしれないが、多くのオリジナルアイデアで_____」

解説

　次は、"pregnant" という単語を取り上げます。"pregnant" という単語を見れば、おそらく十中八九は、"妊娠している" という意味を思い浮かべるのではないでしょうか。

　実際、この単語は、もともとラテン語の "prae gnasci" に由来すると言われています。"prae" は "前に"（before）、そして "gnasci" は "生まれる"（born）という意味です。

　つまり、"pregnant" の原義は "生まれる前" の段階ということであり、そこから "妊娠している" ということを意味するようになったのです。

　というわけで、"pregnant" = "妊娠している" という理解は基本的に正しいのですが、"pregnant" には "妊娠している" という意味のほかにも、もう1つのよく使われる意味があります。

　次に掲げる用例では、"pregnant" が2回出てきますが、それぞれ別の意味として使われています。それぞれの "pregnant" がどういう意味で使われているか、少し考えてみてください。

You may not be pregnant with an actual baby, but you are <u>pregnant</u> with a lot of original ideas.

前記のとおり、用例には"pregnant"が2回出てきますが、最初に出てくる"pregnant"には、その後に"**with an actual baby**"とありますから、こちらの方が"pregnant"の一般的な意味である"妊娠している"という意味であることが分かりますね。

　そうなると、2番目に出てくる"pregnant"が一般的ではない意味になってくるわけですが、"多くのオリジナルアイデア"を"pregnant"しているとは、いったいどういう意味なのでしょうか。

　実は、この"pregnant"は"〜で満ちている"という意味なのです。別の言葉で言えば、"full"と同じ意味になります。つまり、用例は、"あなたは実際の赤ちゃんは宿していないかもしれないが、多くのオリジナルアイデアでいっぱいだ"という意味になるわけです。

　考えてみれば、"妊娠している"という状態は、"赤ちゃんでお腹が満たされている"ということですから、"pregnant"に"妊娠している"と"満たされている"の2つの意味があってもおかしくないのかもしれませんね。

A

「あなたは実際の赤ちゃんは宿していないかもしれないが、多くのオリジナルアイデアで　いっぱいだ　」

62
"philosophical" = "哲学的な"?

Q 次のphilosophicalはどんな意味になるでしょうか。

She drew a lot of criticism about her performance at the theater, but she tried to be philosophical about it.

 ヒント

「彼女は劇場での演技について多くの批判を受けたが、それについては＿＿＿＿＿＿ようとしていた」

解説

　昔も今も、日本には哲学好きな人が大勢います。最近もビジネスパーソンの間で「哲学ブーム」がみられますが、大正や昭和初期の教養主義全盛時代には、カントやヘーゲルといったドイツ哲学が一世を風靡しました。

　戦後になってからは、戦前に流行ったドイツ哲学に代わって、フーコー、サルトル、デリダ、レビナスなどに代表される現代フランス哲学が人気を博すようになり、今でもファンが大勢います。

　ただ、哲学は生と死などの人間存在の問題、さらには事物の根源のあり方の問題などを考察の対象とするため、一般には、哲学は難しい、固い、概念的であるといったイメージがあるように思います。

　そんな難しいイメージのある哲学のことを、英語では"philosophy"といい、その形容詞が"philosophical"であることは、みなさんもよくご存じのことと思います。

　では、英語の"philosophical"は"哲学的な"という意味かというと、実はそれだけではなく、そのほかにもう1つ、非常によく使われる重要な意味があるのです。

　次の用例は、そうした"philosophical"の典型的な使われ方です。

She drew a lot of criticism about her performance

at the theater, but she tried to be philosophical about it.

　いかがでしょうか。文中の"彼女"は"劇場で彼女が行った演技"（her performance at the theater）について"多くの批判を受けた"（drew a lot of criticism）ということですから、彼女は舞台女優をしているのかもしれません。

　そんな彼女が、そうした批判に"philosophical"であろうとしたとは、いったいどういう意味でしょうか。

　実は、この"philosophical"には"淡々とした"、"達観した"という意味があり、"哲学的な"という意味以上に非常によく使われているのです。というわけで、この用例の意味は、"彼女は劇場での演技について多くの批判を受けたが、それについては冷静に淡々と受け止めようとしていた"ということになるわけです。

　たしかに、女優業をしていれば、ほめられることも批判されることもあるわけですから、哲学者のように、いつも"冷静に淡々と"受け止めるというのは正解なのかもしれませんね。

A

「彼女は劇場での演技について多くの批判を受けたが、それについては　冷静に淡々と受け止め　ようとしていた」

63
"partial" = "部分的な"?

Q 次のpartialはどんな意味になるでしょうか。

I am partial to the in-depth analysis of the New York Times, but I am well aware that a lot of people don't like the Times.

ヒント

「私はニューヨークタイムズの掘り下げた分析記事が____ _____が、ニューヨークタイムズが嫌いな人が大勢いることもよく知っている」

解説

　次に取り上げるのは"partial"という単語です。言うまでもなく、"partial"は"部分"を意味する"part"の形容詞形ですから、みなさんも"partial"は"部分的な"という意味で覚えていらっしゃると思います。

　実際、すでに日本語でも"パーシャル"という言葉は、冷蔵庫についている微凍結保存機能として広く知られていますし、また、ハワイなどのホテルで部分的に海が見える部屋のことを"パーシャル・ビュー"と呼んでいることも、旅行好きの方ならよくご存じだと思います。

　このように、"部分的な"という意味での"partial"は、今やほぼ日本語になっていると言っても過言ではありません。

　ところが、こうした理解では必ずしも十分ではないのです。実は"partial"には"部分的な"という意味以外に、もう1つ非常に重要な意味があるのです。では、次の用例をご覧ください。

I am partial to the in-depth analysis of the New York Times, but I am well aware that a lot of people don't like the Times.

　いつものように、まず語句について簡単に補足してお

きますと、"in-depth"とは"深く掘り下げた"という意味で、"analysis"は"分析"のことです。また、"well aware"とは"よく知っている"という意味です。

ということで、残る難関は"partial"の部分だけになりますが、少なくとも、この用例では"partial"が"部分的な"という一般的な意味では使われていないことは、文章全体からもお分かりいただけるかと思います。

実際、そのとおりで、この用例のように、"partial"は通常"partial to"という形で、"〜を偏愛している"、"〜をとても好きな"という意味になるのです。

ということで、前記の用例の意味は、"私はニューヨークタイムズの掘り下げた分析記事が大変好きだが、ニューヨークタイムズが嫌いな人が大勢いることもよく知っている"ということになるわけです。

A

「私はニューヨークタイムズの掘り下げた分析記事が　大変好きだ　が、ニューヨークタイムズが嫌いな人が大勢いることもよく知っている」

64
"outstanding" = "傑出した"?

Q 次のoutstandingはどんな意味になるでしょうか。

> He tried to renegotiate the interest rates on an <u>outstanding</u> payment, but the bank refused it.

ヒント

「彼は＿＿＿＿＿＿借金の金利について再交渉しようとしたが、銀行はそれを拒否した」

解説

　トランプ大統領のキャッチフレーズといえば"Make America Great Again"ですが、これによって"great"という言葉は、日本の小学生でも知っているぐらい一躍有名になりました。

　そんな"great"に近い褒め言葉の1つに、"outstanding"があります。これについては、みなさんも"傑出した"、"飛び抜けた"、"極めて優秀な"などといった意味で覚えていらっしゃる方が多いのではないかと思います。

　実際、そのとおりで、"outstanding"はそうした意味で用いられることが多いのですが、それ以外に、もう1つみなさんに覚えておいていただきたい重要な意味があります。

　では、それがどんな意味なのか、まずは下記の用例をお読みください。

He tried to renegotiate the interest rates on an <u>outstanding</u> payment, but the bank refused it.

　文章中に特に難しい語句はないと思いますが、念のために書いておきますと、"renegotiate"は"再交渉する"こと、また、"interest rates"とは"金利"のことです。"彼"は金利について再交渉したようですが、それは

"outstanding payment"の金利についてだと書いてあります。では、いったいこの"outstanding payment"とは何のことでしょうか。

もうお分かりの方もいらっしゃるかもしれませんが、実は、この"outstanding"は"傑出した"という意味ではなく、"未払いの"、"未処理の"という意味なのです。
"傑出した"という非常に良い意味からは想像しにくいのですが、ここではそれとはまったく違った悪い意味で使われているのです。

ということで、前記の用例は、"彼はまだ支払っていない借金の金利について再交渉しようとしたが、銀行はそれを拒否した"という意味になるわけです。

A

「彼は　まだ支払っていない　借金の金利について再交渉しようとしたが、銀行はそれを拒否した」

65
"pedestrian" = "歩行者の"?

Q 次のpedestrianはどんな意味になるでしょうか。

It was pedestrian every way.
Neither the story line nor the performance of the actors was in any way exciting.

ヒント

「それはあらゆる点でまったく＿＿＿＿＿＿＿ものだった。物語も俳優の演技も、まったくエキサイティングではなかった」

解説

　次に取り上げるのは"pedestrian"という単語です。"pedestrian"は、これまでに本書で取り上げてきた単語の中では少し難しい部類に入るかもしれませんが、英語の受験勉強のときなどに、"pedestrian"は"歩行者の"という意味で記憶された方が多いのではないかと思います。

　実際、英語では"歩道"のことを"pedestrian walkway"、また、"横断歩道"のことを"pedestrian crossing"と呼んでいるように、"pedestrian"の第一義は"歩行者の"という意味です。

　ところが、この"pedestrian"にも、"歩行者の"という意味からはまったく想像できないような重要な意味があるのです。

　次に掲げる"pedestrian"の用例はその典型的なものですが、1つヒントを申し上げると、ここで使われている"pedestrian"と同じ意味の言葉が、その後の文章の中に出てきています。

It was pedestrian every way. Neither the story line nor the performance of the actors was in any way exciting.

お分かりになりましたか？　この文章は、映画とか演劇の批評記事のようですが、2つ目の文章が"Neither...nor...was exciting."となっていることから分かるように、どうも否定的な批評になっているようです。

ということは、最初の文章に出てくる"pedestrian"もあまり良い意味ではなさそうです。

実際、そのとおりで、この"pedestrian"は"歩行者の"という意味とはまったく関係がなく、"つまらない"、"退屈な"、"平凡な"という意味になるのです。

先ほど私は、"pedestrian"と同じ意味の言葉が後の文章の中に出てくると言いましたが、まさにこの"pedestrian"は"not exciting"と同じ意味なのです。

ということで、前記の用例は、"それはあらゆる点でまったくつまらないものだった。物語も俳優の演技も、まったくエキサイティングではなかった"という意味になるわけです。

A

「それはあらゆる点でまったく　つまらない　ものだった。物語も俳優の演技も、まったくエキサイティングではなかった」

66
"secular" = "世俗的な"?

Q 次のsecularはどんな意味になるでしょうか。

There is clear evidence that the recent weakness in the US manufacturing sector is not cyclical but secular.

ヒント

「最近アメリカの製造業は弱含みになっているが、これは景気循環的なものではなく、＿＿＿＿＿＿＿＿ことを示す明確な証拠がある」

解説

　次に取り上げるのは、"pedestrian"と同じく、少し難しい"secular"という単語です。受験勉強のときに英単語の参考書などで見た覚えがあるという方もいらっしゃるかもしれません。

　そして、そのときはおそらく"secular"＝"世俗的な"という意味で頭の中にインプットされたのではないかと思います。もちろん、そうした理解が間違っているわけではありません。

　しかし残念ながら、"secular"＝"世俗的な"という意味だけ覚えていても十分とは言えないのです。というのも、実際の生きた英語では、"secular"がこれ以外の意味で使われることがしばしばあるからです。

　では、それはいったいどういう意味なのでしょうか。実はこれも、今までにご紹介してきた単語の多くと同じように、"世俗的な"という意味とはまったくかけ離れているのです。下記に用例をご紹介しますので、意味を想像してみてください。

There is clear evidence that the recent weakness in the US manufacturing sector is not cyclical but secular.

"secular"以外にも少し難しい語句がありますので、簡単に補足しておきましょう。まず、"recent weakness in the US manufacturing sector"という部分ですが、これは"アメリカの製造業が最近弱含みになっている"という意味です。

　この用例のように、"weakness"は経済用語としても非常によく使われる単語です。それから、"cyclical"も経済用語としてよく使われる単語で、"景気が循環的な"という意味です。

　ということで、残る難関は"secular"だけになりましたが、少なくともここでの"secular"が"世俗的な"という意味でないことはお分かりいただけるかと思います。実は、ここでの"secular"は"長期にわたって続く"という意味なのです。

　つまり、前記用例の意味は、"最近アメリカの製造業は弱含みになっているが、これは景気循環的なものではなく、長期的なものであることを示す明確な証拠がある"ということになるわけです。

「最近アメリカの製造業は弱含みになっているが、これは景気循環的なものではなく、 長期的なものである ことを示す明確な証拠がある」

67
"acting" = "活動する"?

Q 次のactingはどんな意味になるでしょうか。

> After Mr. Smith resigned because of the bribery scandal, Ms. Carlson was appointed as <u>acting</u> director of the government agency.

 ヒント

「スミス氏が賄賂スキャンダルで辞任したあと、カールソン氏がその政府機関の＿＿＿＿＿＿長官に任命された」

解説

　次に取り上げるのは"acting"という単語です。"acting"の元の単語である"act"が"行動する"、"活動する"といった意味であることは、みなさんもよくご存じだと思います。

　そのため、"action"＝"行動"、"acting"＝"行動する"という理解をされている方が多いのではないでしょうか。しかし、実際の生きた英語では、"acting"は"行動する"という意味で使われることは基本的になく、"演技"（名詞）や"演技に関する"（形容詞）といった意味で使われることが多くなっています。

　また、形容詞としての"acting"には、"演技に関する"という意味以外にも、もう１つの非常に重要な意味があります。実際、これは、"演技に関する"という意味よりも、はるかに頻繁に使われているものです。

　では、その用例をご覧いただくことにしましょう。

After Mr. Smith resigned because of the bribery scandal, Ms. Carlson was appointed as acting director of the government agency.

　まず語句から補足しておきますと、"resigned"は"辞任した"、"bribery"は"賄賂"という意味です。それ

から"appointed"は"任命された"、また"government agency"は"政府機関"という意味です。

さて、用例では、カールソン氏は政府機関の"acting director"に任命されたとなっていますが、この"acting director"とはどういう意味なのでしょうか。

ここでの"acting director"が"演技監督"という意味でないことは、全体の文意からもお分かりいただけるかと思います。では、この"acting"はどういう意味なのかと言いますと、"演技の"という意味ではなく、"代理の"という意味になるのです。

つまり、前記用例の意味は、"スミス氏が賄賂スキャンダルで辞任したあと、カールソン氏がその政府機関の代理長官に任命された"ということになるわけです。

アメリカでは、政府機関などのトップにいる人がスキャンダルなどで辞任すると、その後任人事が決まるまで代理の人間が任命されるのが通例となっています。そんなときに使われるのが、この"acting"という単語なのです。

A

「スミス氏が賄賂スキャンダルで辞任したあと、カールソン氏がその政府機関の　代理　長官に任命された」

68
"sketchy" = "スケッチ風の"?

Q 次のsketchyはどんな意味になるでしょうか。

> The police department described the man arrested for theft as having sketchy past.

ヒント

「警察は窃盗で逮捕したその男が、＿＿＿＿＿＿過去を持っていると述べた」

解説

"スケッチ"という言葉は"風景などの素描"という意味で日本語にもなっており、いまさら説明する必要もないほどです。

ということで、みなさんの多くも、その英語である"sketch"の形容詞"sketchy"は、"スケッチ風の"とか、"素描の"という意味だと理解されているのではないかと思います。

しかし、英字新聞や雑誌の記事など実際の生きた英語では、"sketchy"という単語がそうした"スケッチ風の"といった意味で使われることはまずありません。

では、この"sketchy"はいったいどんな意味で使われているのでしょうか。まずは下記の用例をご覧いただきたいと思います。

The police department described the man arrested for theft as having sketchy past.

いかがでしょうか。念のため、語句について簡単に説明しておきますと、"describe"は"〜と言い表す"、"〜と特徴づける"という意味で、"the man arrested for theft"は"窃盗で逮捕された男"という意味になります。

つまり、文意としては、警察がある男を窃盗で逮捕し、その男のことを"having sketchy past"であると述べた

ということのようです。

　では、この"sketchy past"とは、いったいどういう意味なのでしょうか。正解を申し上げますと、この"sketchy"は"スケッチ風の"といった意味ではなく、"いかがわしい"、"疑わしい"、"不審な"、"評判の悪い"といった意味なのです。

　したがって、この用例は、"警察は窃盗で逮捕したその男が、いかがわしい過去を持っていると述べた"という意味になるわけです。

　それにしても、なぜ"スケッチ風の"という意味から"いかがわしい"、"疑わしい"という意味になったのでしょうか。

　これについては、はっきりしたことは分かりませんが、"スケッチ"が素描であるため全体像がはっきりつかめず、そこから"素性がはっきりしない"、"いかがわしい"という意味が派生したのではないかと思われます。

A

「警察は窃盗で逮捕したその男が、　いかがわしい　過去を持っていると述べた」

69
"foreign" = "外国の"?

Q 次のforeignはどんな意味になるでしょうか。

> Some people still believe that soccer is fundamentally foreign to Americans and will never catch on in the United States.

ヒント

「アメリカ人にとってサッカーは基本的に＿＿＿＿＿＿もので、決して流行ることはないだろうと考えている人が今でもいる」

解説

　今や日本にも毎年3000万人前後の外国人観光客が来るようになり、東京や大阪などの大都市、さらには京都や神戸などの観光地では非常に多くの外国人観光客の姿が見られるようになりました。

　こうした"外国人観光客"のことを英語では"**foreign tourists**"と呼ぶように、みなさんも、"**foreign**"という単語は"外国の"という意味であると理解されている方が多いのではないかと思います。

　もちろん、そうしたご理解で基本的には問題ないのですが、"**foreign**"にはそれ以外に、もう1つ重要な意味があるのです。しかも、実際の生きた英語では、そのもう1つの意味が大変よく使われているのです。

　もっとも、別の意味があるとはいっても、それは"外国の"という意味からある程度類推できます。これまで取り上げてきた英単語は、みなさんがよくご存じの第1の意味と、本書でご紹介した第2の意味との間にあまりにも大きなギャップがあったため、第2の意味を類推することは難しかったかと思います。

　しかしながら、この"**foreign**"については、第1の意味と第2の意味の間に、ある程度の関連があるため、比較的類推しやすいかもしれません。

　では、次の用例中の"**foreign**"はどんな意味になるのか、ぜひ類推してみてください。

Some people still believe that soccer is fundamentally <u>foreign</u> to Americans and will never catch on in the United States.

　いかがでしょうか。"foreign"の第2の意味は類推できましたでしょうか？

　実は、この"foreign"には"外国の"という第1の意味から派生した、<u>"異質な"、"なじまない"</u>というもう1つの意味があるのです。

　というわけで、前記用例は、"アメリカ人にとってサッカーは基本的になじまないもので、決して流行ることはないだろうと考えている人が今でもいる"という意味になります。

　どこの国の人にとっても、"外国の"ものというのは、人でも物でも文化でも、やはり自分たちのものとは基本的に"異質"であり、すぐには"なじまない"ところがあります。そうしたことから、"foreign"にもこのような第2の意味が派生したのではないかと思われます。

「アメリカ人にとってサッカーは基本的に　なじまない　もので、決して流行ることはないだろうと考えている人が今でもいる」

70
"stiff" = "硬い"?

Q 次のstiffはどんな意味になるでしょうか。

> I am going to have a <u>stiff</u> drink tonight, hoping that everything will be back to normal.

 ヒント

「すべてが正常に戻ることを期待して、今夜は私は＿＿＿＿＿＿＿お酒を飲むつもりだ」

解説

　次は、"stiff"という単語を取り上げます。これにはいろんな意味があって、なかなか手ごわい単語です。

　みなさんの中にも肩こりの方がいらっしゃると思いますが、そんな肩こりのことを、英語では"stiff shoulder"といいます。ということで、"stiff"＝"硬い"と覚えていらっしゃる方が多いのではないでしょうか。

　先ほども申し上げましたように、"stiff"にはさまざまな意味がありますが、そんな中でも特に重要なもう1つの意味をここでご紹介したいと思います。

　では、それがどんな意味として使われているか、まず下記の用例をご覧ください。

I am going to have a stiff drink tonight, hoping that everything will be back to normal.

　用例中の語句で特に難しいものはないと思いますが、1つだけ書いておきますと、"back to normal"というのは"正常に戻る"という意味です。

　さて、問題になるのは"stiff drink"の部分ですが、いったいこれはどういう意味でしょうか。

　実はこれはあまり難しく考える必要はなく、"強いお酒"という意味なのです。つまり、この"stiff"は"強い"

という意味で、"strong"と基本的には同じ意味です。

したがって、先ほどの用例は、"すべてが正常に戻ることを期待して、今夜は私は強いお酒を飲むつもりだ"という意味になるわけです。

"stiff"の他の意味を見てみましょう。"値段が法外に高い"（stiff price）とか、"競争が激しい"（stiff competition）などといった表現にも"stiff"が使われます。

また、"stiff with"は"full of"と同じで、"〜でいっぱいになっている"という意味になりますし、"scared stiff"という表現のように、"大いに"（very much）という意味を強調する副詞としても使われています。

A

「すべてが正常に戻ることを期待して、今夜は私は 強い お酒を飲むつもりだ」

71
"shy" = "恥ずかしがりの"?

Q 次のshyはどんな意味になるでしょうか。

> Mr. Smith, a beloved businessman, passed away suddenly, but peacefully last Friday, a month shy of his 95th birthday.

ヒント

「誰からも愛されたビジネスマンであったスミス氏は、95歳の誕生日の1か月＿＿＿＿＿＿先週金曜日に、突然のことではあったが、安らかに亡くなった」

解説

　私たちは、まわりにあまり積極的に発言しない、おとなしそうな人がいると、"あの人はシャイな人だ"などと言ったりします。このように、私たちが"シャイな人"と言うときは、その人は"恥ずかしがり屋"だということを意味しています。

　ところが、"shy"について"恥ずかしがりの"という意味しか知らないと、実際の生きた英語では対応できない場合がしばしば出てきます。

　むしろ、"shy"という単語は"恥ずかしがりの"という意味で出てくる方が少ないくらいで、これからご紹介する第2の意味の方がよほど多く使われています。

　では、"shy"はどんな意味として使われているのでしょうか。まずは、いつものように用例をご覧いただきましょう。

Mr. Smith, a beloved businessman, passed away suddenly, but peacefully last Friday, a month <u>shy</u> of his 95th birthday.

　語句の中で1つだけ先に説明しておきますと、"**pass away**"というのは"亡くなる"、"死亡する"ということで、"**die**"と同じ意味です。ただし、"**die**"は"死ぬ"という直接的な語感が強すぎるため、より婉曲的な表現

である"pass away"の方が好まれる傾向があります。

　さて、用例の文章の主語であるスミス氏は95歳の誕生日あたりで亡くなられたようですが、"a month shy of his 95th birthday"とはどういう意味なのでしょうか。ここでの"shy"が"恥ずかしがりの"という意味でないことは明らかですよね。

　もうお分かりの方もいるかもしれませんが、実はこの"shy"は"shy of"という形で、"足りない"、"不足して"という意味なのです。

　つまり、"a month shy of his 95th birthday"とは、"彼の95歳の誕生日の1か月前"という意味になるわけです。

　というわけで、前記の用例は、"誰からも愛されたビジネスマンであったスミス氏は、95歳の誕生日の1か月前である先週金曜日に、突然のことではあったが、安らかに亡くなった"という意味になります。

Ⓐ

「誰からも愛されたビジネスマンであったスミス氏は、95歳の誕生日の1か月　前である　先週金曜日に、突然のことではあったが、安らかに亡くなった」

72
"liberal" = "リベラルな"?

Q 次のliberalはどんな意味になるでしょうか。

> She applied a liberal amount of cream directly to the dark spot and massaged into skin.

ヒント

「彼女はクリームを＿＿＿＿＿＿＿直接黒くなった箇所に塗って、肌にしみ込むようにマッサージした」

解説

　日本語の"リベラル"という言葉には、"自由で進歩主義的な"という意味があり、好ましい語感があるように思います。英語の"liberal"の意味も、基本的には日本語とほぼ同じだと言えます。
　しかしながら、日本語の"リベラル"と英語の"liberal"には、その使われ方に違いがあります。
　それは、日本語の"リベラル"には、基本的に"自由で進歩的な"という1つの意味しかないのに対して、英語の"liberal"にはそれ以外にも、よく使われる重要な意味があることです。

　では、実際にどのような文脈でこの"liberal"という単語が使われているのか、次の用例を見ていただくことにしましょう。

She applied a liberal amount of cream directly to the dark spot and massaged into skin.

　特に難しい語句はないと思いますが、文章の最初に出てくる動詞"apply"について一言だけ述べておきますと、ここでの"apply"は、みなさんがよくご存じの"適用する"という意味ではなく、"〜を塗る"という意味になります。

そうすると、おおよその文意としては、"彼女はクリームを黒くなった箇所に塗った"ということになりそうですが、問題は"a liberal amount of cream"という部分の意味をどう理解するかです。

察しのよい方はもうお分かりになったかもしれませんが、実はここでの"liberal"というのは、"気前のよい"、"たっぷりの"という意味なのです。

ほかの英語で言えば、"abundant","plentiful","ample"などがその類義語になります。

ということで、前記の用例は、"彼女はクリームをたっぷり直接黒くなった箇所に塗って、肌にしみ込むようにマッサージした"という意味になるわけです。

A

「彼女はクリームを　たっぷり　直接黒くなった箇所に塗って、肌にしみ込むようにマッサージした」

73
"sick" = "病気の"?

Q 次のsickはどんな意味になるでしょうか。

> After eating catered food at the wedding party, some people suddenly felt sick and started vomiting.

💡 ヒント

「結婚式の会場で配達された料理を食べたところ、突然、一部の人が＿＿＿＿＿＿、嘔吐しだした」

解説

　次に取り上げるのは、"sick"という単語です。"sick"は中学生時代に学習する基本単語の１つであり、みなさんも"病気の"という意味で覚えていらっしゃるかと思います。

　たしかに、"sick"は実際の英語でも"病気の"という意味で使われることが多いのですが、"sick"にはその第１の意味と同程度、あるいはそれ以上に使われる、もう１つの重要な第２の意味があるのです。

　では、どういう意味で使われているのか、まずは下記の用例をご覧ください。

　まず、その意味についてヒントを１つ差し上げるとすれば、それは"病気の"症状の１つ（いつもこの症状が現れるわけではありませんが）と言うことができます。では、その病気の症状とは、いったい何でしょうか？

After eating catered food at the wedding party, some people suddenly felt <u>sick</u> and started vomiting.

　いかがでしょうか。まず、文中の語句について補足しておきますと、"catered food"とは"宅配された食べ物"、いわゆる"デリバリーフード"のことです。それから、

"vomiting"とは"吐く"、"嘔吐する"という意味です。

文章の概要としては、結婚式の会場で食べたものにあたって、一部の人が嘔吐したということのようです。文中の"felt sick"は"病気になった"という解釈でも全体の意味は通じるように思えるかもしれませんが、この場合の"sick"は、より具体的な病気の症状を表しているのです。

実は、この"sick"は単に"病気になる"という意味ではなく、"吐き気がする"、"むかつく"という、より具体的な症状を意味しているのです。"felt sick"のすぐ後ろに"started vomiting"(嘔吐し始める)とありますが、まさにこれと同じ意味なのです。

実際、英語ではこの例のように、同じ意味のことを違った単語を使って表現することがよくあります。

というわけで、先ほどの用例は、"結婚式の会場で配達された料理を食べたところ、突然、一部の人が気分が悪くなり、嘔吐しだした"という意味になるわけです。

A

「結婚式の会場で配達された料理を食べたところ、突然、一部の人が 気分が悪くなり 、嘔吐しだした」

74
"smart" = "頭がいい"?

Q 次の smart はどんな意味になるでしょうか。

The police are still <u>smarting</u> from their failure to prevent the robbery at the bank.

 ヒント

「警察は銀行強盗を防げなかったことを、今でも＿＿＿＿＿＿＿」

解説

　ここまで、みなさんがよくご存じの形容詞の中で、それが思いもよらない別の意味で使われている単語の数々をご紹介してきました。

　本章でご紹介する思いもよらない意味の形容詞もあと2つとなりましたが、これからご紹介する2つの単語は、基本的には形容詞としての性格が強いのですが、動詞として使われることも非常に多くなっているものです。

　そういった単語として、まず最初に取り上げるのは"smart"です。"smart"については、"スマート"というカタカナとして大変よく使われており、今や日本語の一部になっています。

　なお日本語では、以前の"スマート"はもっぱら人の体型について形容する言葉でしたが、今では、英語の原義と同じように、"頭がいい"という意味でも使われるようになっています。

　このように、"smart"は私たち日本人にとっても大変身近でなじみ深い言葉です。しかし、この"smart"に動詞としての意味があり、しかもそれが実際の生きた英語でも大変よく使われているということはあまり知られていないのではないでしょうか。

　では、"smart"には動詞として、いったいどんな意味があるのでしょうか。

いつものように、まずはその用例からご覧いただきたいと思います。

The police are still smarting from their failure to prevent the robbery at the bank.

いかがでしょうか。特に難しい語句はなさそうですが、念のため1つだけ簡単に説明しておきますと、**"failure to prevent"** は "〜を防ぐことに失敗する"、つまり "〜を防ぐことができない" という意味です。

用例では、警察が銀行強盗を防げなかったために、いまだに "**smart**" していると書いてあるのですが、これはいったいどういう意味なのでしょうか。

正解を申し上げると、実はこの "**smart**" は "スマート" だとか "頭がいい" などという意味とはまったく関係がなく、"精神的苦痛を受ける"、"体が痛む" という意味なのです。

ということで、前記の用例は、"警察は銀行強盗を防げなかったことを、今でも苦痛に感じている" という意味になるわけです。

A

「警察は銀行強盗を防げなかったことを、今でも 苦痛に感じている 」

75
"frequent" = "頻繁な"?

Q 次のfrequentはどんな意味になるでしょうか。

The restaurant in Chinatown is frequented by seniors, and there are elevators and escalators for their convenience.

「チャイナタウンにあるそのレストランには、高齢者の便宜を図るエレベーターやエスカレーターが設置されていることもあり、高齢者が_____」

解説

　本章の最後を飾る単語として取り上げるのは"frequent"です。

　最近では、どの航空会社もポイントがたまり、それを航空券や商品と交換できるマイレージサービスを提供していますが、そんなマイレージサービスのことを、英語では"frequent flyer service"と呼んでいます。

　みなさんも、"frequent"という単語については、"しばしば"とか"頻繁な"という意味の形容詞として覚えておられる方が多いと思います。

　しかし、実際の英語では、"frequent"はそうした形容詞としてだけではなく、まさに"しばしば"動詞としても使われているのです。

　では、"frequent"は、いったいどのような意味の動詞として使われているのでしょうか。

　まずは、その用例から見ていただきたいと思いますが、実はこの"frequent"の動詞の意味の中にも、"しばしば"という形容詞の意味が色濃く反映されているのです。

The restaurant in Chinatown is <u>frequented</u> by seniors, and there are elevators and escalators for their convenience.

いかがでしょうか。まず語句の方から簡単に説明しておきますと、"senior"とは最近日本でもそう呼ばれるようになりましたが"高齢者"のことです。それから、"for their convenience"というのは、"彼ら（高齢者）の便宜を図るために"という意味です。

　あとは特に説明を要するような語句はないと思いますが、難関は"is frequented"という部分です。先ほど、この"frequent"には"しばしば"という原義が色濃く残っていると言いましたが、お分かりになりましたでしょうか？

　実は、この"frequent"には"～をしばしば訪れる"、"～に足しげく通う"という動詞としての意味があるのです。

　ということで、この用例の意味は、"チャイナタウンにあるそのレストランには、高齢者の便宜を図るエレベーターやエスカレーターが設置されていることもあり、高齢者がしばしば訪れている"ということになるわけです。

A

「チャイナタウンにあるそのレストランには、高齢者の便宜を図るエレベーターやエスカレーターが設置されていることもあり、高齢者が　しばしば訪れている　」

第 **4** 章

この**名詞**に
こんな意味が
あったとは

さて、これまで、第2章では英語の名詞の中で、それが動詞として使われている単語をご紹介しました。本章では、同じ英語の名詞でも、みなさんがよく知っている意味とはまったく違った意味の名詞として使われている単語を取り上げていきたいと思います。

76
"status" = "地位"?

Q 次のstatusはどんな意味になるでしょうか。

> I would like to know when and how I will be notified regarding the status of my application.

ヒント

「私の申請の＿＿＿＿＿＿について、いつ、どのようにして教えてくれるのか知りたい」

解説

　最初にご紹介したいのは、"**status**"というみなさんよくご存じの単語です。"**status**"といえば、すぐに"地位"という日本語が思い浮かぶ方が多いのではないでしょうか。

　今や、それほど、"**status**"という英語と"地位"という日本語は離れがたく結びついているように思います。

　もちろん、英語でも"**status**"は"地位"という意味で非常によく使われています。しかし、これからご紹介する"**status**"のもう１つの意味も、それに負けず劣らず非常に重要であり、よく使われています。

　では、"地位"という意味以外に、"**status**"はいったいどんな意味として使われているのか、まずは下記の用例を見ていただくことにしましょう。

I would like to know when and how I will be notified regarding the status of my application.

　念のため、用例中の語句について補足しておきますと、"**notify**"というのは"〜を知らせる"という意味です。それから、"**application**"というのは大学に願書を出したり、何かに申し込みをしたり、申請をしたりすること

です。

　以上のことが分かると、あとの語句はそれほど難しくはないと思いますが、問題は"**status of my application**"という語句をどう理解するかです。これを"私の申請の地位"と理解すると、何のことか分かりませんね。

　そうなんです。実はこの"**status**"は"地位"という意味ではなく、"<u>状況</u>"という意味なのです。別の英語で言えば、"**condition**"や"**situation**"などがそれに当たります。
　つまり、先の用例は、"私の申請の状況について、いつ、どのようにして教えてくれるのか知りたい"という意味になるわけです。

A

「私の申請の　状況　について、いつ、どのようにして教えてくれるのか知りたい」

77
"literature" = "文学"？

Q 次のliteratureはどんな意味になるでしょうか。

> He ran for governor in 2008 with campaign literature that showed him as a true conservative.

 ヒント

「彼は2008年の知事選に立候補したが、そのときの選挙＿＿＿＿＿＿では、彼のことを真の保守派として宣伝していた」

解説

　次に取り上げるのは、"literature" という単語です。おそらく、多くのみなさんにとっては、"literature"＝"文学" という等式がすぐ頭に思い浮かぶのではないでしょうか。

　たしかに、"ノーベル文学賞" のことは英語で "Nobel Prize in Literature" と言いますので、"literature" が "文学" を意味することは間違いありません。

　ところが、実際に使われている英語では、"literature" は "文学" という狭い意味だけで使われているわけではありません。"literature" という単語は "文学" はもとより、それ以外のものを指すときにも使われているのです。

　では、"文学" 以外のものとはいったい何でしょうか。いつものように、まずはその用例を見ていただくことにしましょう。

He ran for governor in 2008 with campaign literature that showed him as a true conservative.

　まず語句から説明します。"ran for" は "run for" の過去形ですが、"run for" で "立候補する" という意味になります。それから、"campaign" は日本語の "宣伝キャンペーン" のことではなく "選挙戦" のことで、

"conservative"は"保守派"という意味です。

そうすると、これでだいたいの文意はお分かりいただけると思いますが、問題は"campaign literature"とはいったい何かということです。"campaign"（選挙戦）と"文学"はあまり関係なさそうですから、この"literature"は"文学"という意味ではなさそうです。

そうなのです。実は、この"literature"は日本語で言う"パンフレット"や"チラシ"のことなのです。

たしかに、"パンフレット"や"チラシ"も書かれたものには違いないのですが、日本語の"文学"という言葉の中にそれらは入っていません。

ところが、英語の"literature"には、日本語で言う"文学"だけでなく、"パンフレット"や"チラシ"の類までを含めた広義の"書かれたもの"という意味が含まれているのです。

というわけで、用例は、"彼は2008年の知事選に立候補したが、そのときの選挙パンフレットでは、彼のことを真の保守派として宣伝していた"という意味になるわけです。

A

「彼は2008年の知事選に立候補したが、そのときの選挙 パンフレット では、彼のことを真の保守派として宣伝していた」

78
"bromide" = "ブロマイド写真"?

Q 次のbromideはどんな意味になるでしょうか。

What the consultant talked at the seminar was a collection of old management bromides and clichés.

ヒント

「そのセミナーでコンサルタントが話したことは、経営に関する古い_____ばかりだった」

解説

　現在どうなっているかはよく知りませんが、昭和30年代や40年代ごろまでは、映画スターや芸能人などの写真が"ブロマイド写真"と呼ばれてよく売られていました。

　そうしたことから、"ブロマイド"と言えば、すぐに"ブロマイド写真"のことが思い浮かび、それ以外のものは想像できない人が多いのではないかと思います。

　実際、私もそのような思い込みが強く、読んでいた英文の中に最初に"bromide"という単語が出てきたときには、"ブロマイド写真"以外の意味が思いつきませんでした。

　もちろん、私が思い込んでいた"ブロマイド写真"という意味を、そのときの英文の"bromide"に当てはめても、どうにも文章の意味が通りませんでした。

　それもそのはずで、実は、この"bromide"という単語には、"ブロマイド写真"などという意味よりもはるかに重要で、はるかに頻繁に使われる意味があるのです。

　では、"bromide"はいったいどんな意味で使われているのでしょうか。下記の用例をご覧いただきたいと思います。"ブロマイド写真"という意味からは、ちょっと思いつきにくいかもしれません。

What the consultant talked at the seminar was a collection of old management bromides and clichés.

　語句について、1つだけご説明しておきたいのは、"bromide"の後に出てくる"cliché"の意味です。これは"お決まりの陳腐な言葉や表現"という意味です。もともとはフランス語でしたが、今では立派な英語として非常によく使われています。

　さて、"bromide"ですが、その意味はお分かりになりましたでしょうか。実はこの"bromide"は今ご説明した"cliché"の同義語で、"決まり文句"や"陳腐な考え"という意味なのです。

　つまり、"bromides and clichés"というのは、同じ意味のことを違った単語で言い換えているわけです。このように、同じ意味のことを違う単語で言い換えたり連ねたりするのは、英語では非常によくみられることで、英語表現における大きな特徴の1つになっています。

　というわけで、この用例の意味は、"そのセミナーでコンサルタントが話したことは、経営に関する古い陳腐なお決まりの話ばかりだった"ということになります。

「そのセミナーでコンサルタントが話したことは、経営に関する古い　陳腐なお決まりの話　ばかりだった」

79
"labor" = "労働"?

Q 次のlaborはどんな意味になるでしょうか。

> She suffered in labor for more than five hours, and doctors finally had to perform a Caesarian section.

 ヒント

「彼女は5時間以上＿＿＿＿＿＿で苦しんだので、医師たちも最後には帝王切開をすることになった」

解説

　次は"labor"という単語を取り上げます。"labor union"は"労働組合"のこと、"labor force"は"労働力"のこと、"manual labor"は"肉体労働"のことを意味するように、"labor"が"労働"という意味だということは、みなさんもよくご存じのことでしょう。

　ところが、"labor"には"労働"という意味以外にも、もう1つの重要な意味があります。

　前にご紹介した"status"や"bromide"などは、みなさんがよくご存じの第1の意味から第2の意味を思いつくことは非常に困難だったと思います。

　しかし、この"labor"については、それらに比べるとそれほど難しくないかもしれません。女性がする"労働"という観点から考えていただければ、ある程度、類推できるかもしれません。

　では、いつものように、まず用例をお示ししますので、"labor"の第2の意味を類推してみてください。

She suffered in labor for more than five hours, and doctors finally had to perform a Caesarian section.

　まず、語句について1つだけご説明しておきますと、文章の一番最後に出てくる"Caesarian section"とは"帝王切開"のことです。ちなみに、アメリカでは、こうし

た"帝王切開"のことを略して"C-section"と呼んでいますが、女性の約3分の1がこの方法で出産するなど、非常に一般的な方法になっています。

さて、"Caesarian section"の意味が分かると、"labor"の意味もより類推しやすくなったのではないでしょうか。もう意味が分かった方もいらっしゃるかもしれませんが、実はこの"labor"は、出産の前の"陣痛"という意味なのです。

"陣痛"というのは、女性にとって大変苦しい"労働"であるということから、このような意味が派生したのではないかと思われます。ちなみに、"陣痛"の後の実際の出産のことは、英語で"delivery"と言います。

ということで、前記の用例は、"彼女は5時間以上陣痛で苦しんだので、医師たちも最後には帝王切開をすることになった"という意味になるわけです。

A

「彼女は5時間以上 陣痛 で苦しんだので、医師たちも最後には帝王切開をすることになった」

80
"campus" = "大学のキャンパス"?

Q 次のcampusはどんな意味になるでしょうか。

The company has an ambitious plan to create a sprawling, high-tech campus of energy-efficient buildings.

 ヒント

「その会社は、エネルギー効率のよい広大なハイテク＿＿＿＿＿＿＿＿＿をつくり出すという野心的な計画を持っている」

解説

　次に取り上げるのは"campus"という単語です。おそらく、みなさんの中にも、"campus"という単語を聞けば、すぐに"大学のキャンパス"のことを思い浮かべる方が多いと思います。

　実際そのとおりで、ほとんどの場合、英語でも"campus"は"大学のキャンパス"という意味で使われています。

　しかし、アメリカ英語で"campus"という単語が使われるのは、大学の構内、敷地についてだけではないのです。大学のキャンパスのように、広々とした敷地の中に建物が点在しているようなところはどこでも"キャンパス"と呼ぶことができるのです。

　では、そんな用例を見ていただくことにしましょう。

The company has an ambitious plan to create a sprawling, high-tech campus of energy-efficient buildings.

　いつものように、まず語句について説明しますと、"ambitious"は"野心的な"という意味。また、"sprawling"は"広範囲に広がった"ということで、"energy-efficient"は"エネルギー効率のよい"という意味です。

ということで、この用例は、"その会社は、エネルギー効率のよい広大なハイテク拠点をつくり出すという野心的な計画を持っている"という意味になるわけです。

　実際、ハイテク企業が集まるサンフランシスコ郊外のシリコンバレーでは、アップル、フェイスブック、グーグルなどといった名だたるハイテク企業が、広大な敷地の中にスーパーモダンな労働空間を築いていますが、そうした彼らの労働拠点のことは"オフィス"ではなく、"キャンパス"と呼ばれているのです。

　もちろん、"キャンパス"と呼ばれるのはシリコンバレーにあるこうしたハイテク企業だけではなく、ほかの企業の敷地、さらには大きな病院の敷地などについても"キャンパス"と呼ばれています。

　日本語で"キャンパス"と言えば、基本的に大学の構内、敷地のことしか思い浮かびませんが、英語では、大学のキャンパスのようにゆったりと広々とした敷地であれば、それは"キャンパス"と呼びうることを、ぜひ知っておいていただきたいと思います。

「その会社は、エネルギー効率のよい広大なハイテク　拠点　をつくり出すという野心的な計画を持っている」

81
"beef" = "牛肉"？

Q 次のbeefはどんな意味になるでしょうか。

One of the things I don't like our new section chief is the fact that he doesn't address my <u>beefs</u> and concerns directly.

 ヒント

「新任の課長について私が気に入らないことの1つは、彼が私の＿＿＿＿＿＿＿や心配ごとに直接対処しようとしないことだ」

解説

　次は"beef"を取り上げます。昔に比べれば、最近は日本人もたくさん"beef"（牛肉）を食べるようになりました。

　しかしながら、日本人が牛肉をたくさん食べるようになったといっても、まだ1人当たり年間約6.7kgであるのに対して、アメリカ人の場合は、その約4倍の年間約24.7kgにもなるそうです。

　このように、昔も今も、アメリカ人と牛肉は切っても切れない関係にあり、牛肉はアメリカ人の生活の中、さらには言葉の中にも深く入り込んでいます。

　そうしたこともあり、"beef"という単語も単に"牛肉"という意味だけでなく、ある興味深い意味としても使われるようになりました。

　では、それはどんな意味として使われているのか、次の用例をご覧ください。

One of the things I don't like our new section chief is the fact that he doesn't address my beefs and concerns directly.

　さて、いかがでしょうか。特に補足する必要があるような語句はないと思います。文中に出てくる"address"は、第2章でもご紹介したように、"～に対処する"と

いう意味の動詞でしたね。

　残る問題は、"my beefs and concerns"をどう訳すかということですが、正解を申し上げますと、この"beef"は"不満"、"不平"という意味で、別の英語で言えば、"complaint"と同じ意味になります。

　ということで、前記の用例は、"新任の課長について私が気に入らないことの1つは、彼が私の不満や心配ごとに直接対処しようとしないことだ"という意味になるわけです。

　なお、"beef"には"不満"、"不平"という意味のほかに、もう1つ名詞としての重要な意味があります。

　それは、"内容"、"実質"という意味で、別の単語で言うと"substance"と同じ意味で使われます。

　たとえば、人がプレゼンをするときなど、もしもそのプレゼンに新味や具体性がない場合には、相手に対して"Where is the beef?"と言えば、大変効果的なパンチになります。みなさんはそんなことはないと思いますが、決して"Where is the beef?"などと言われないよう気をつけてください。

A

「新任の課長について私が気に入らないことの1つは、彼が私の　不満　や心配ごとに直接対処しようとしないことだ」

82
"reservation" = "予約"?

Q 次のreservationはどんな意味になるでしょうか。

> The president emphasized the need for military action, but some generals voiced <u>reservations</u> about it.

ヒント

「大統領は軍事行動の必要性を強調したが、将軍たちの中にはそれに対して＿＿＿＿＿＿を表明した者もいた」

解説

　最近では、日本語でも"席を予約する"という意味で、"席をリザーブする"という言い方をするようになりました。このように、今や多くの方が"reserve"＝"予約する"という意味で理解していると思います。
　また、その名詞形の"reservation"についても、"予約"という意味で使う日本人が大変多くなっています。

　ところが、残念なことに、"reservation"は実際の英語では、必ずしも"予約"という意味でばかり使われるわけではないのです。むしろ、それ以外の意味として使われる場合の方が多いかもしれません。
　では、それはどんな意味で使われているのでしょうか。まずは下記の用例をご覧ください。

The president emphasized the need for military action, but some generals voiced <u>reservations</u> about it.

　語句から簡単に説明しておきますと、"emphasize"は"強調する"という意味で、"need for military action"は"軍事行動の必要性"という意味になります。
　それから、"general"は"将軍"のことで、"voice"は動詞で"声に出す"とか"表明する"という意味にな

ります。

　これだけ分かると文章のほとんどが分かったも同然ですが、残る難関は"reservations"です。文章の全体の意味から、この"reservations"が"予約"とはまったく関係ないことだけはお分かりいただけると思います。

　では、この"reservations"はいったいどういう意味かといいますと、実はこれは物事に対して完全な賛成ではないという"留保"や"条件付き"のことを意味しているのです。言い換えれば、物事に対する"疑い"(**doubt**)と同じことです。
　つまり、用例は、"大統領は軍事行動の必要性を強調したが、将軍たちの中にはそれに対して疑義を表明した者もいた"という意味になるわけです。

　なお、"reservation"にはこれ以外にもう1つ重要な意味があります。それはインディアン原住民などの"居留地"という意味です。これもよく出てきますので、この機会にぜひ覚えておくといいでしょう。

A

「大統領は軍事行動の必要性を強調したが、将軍たちの中にはそれに対して　疑義　を表明した者もいた」

83
"manner" = "礼儀作法"?

Q 次のmannerはどんな意味になるでしょうか。

> The company's social responsibility efforts to give back to the community in a meaningful manner have been working just fine.

「有意義な＿＿＿＿＿で社会還元するというその企業の社会的責任活動は、大変うまくいっている」

解説

　日本語で"マナー"というと、言うまでもなく、それは"礼儀作法"のことを意味します。
　「あの人はマナーがよい」とか、「彼はマナーを心得ていない」などというときの"マナー"は、まさにそのような"礼儀作法"を意味していますよね。
　ところが、実際の生きた英語では、"manner"がこうした意味で使われることは、残念ながらそれほど多くありません。
　私もこれまで長年英語を使って仕事をしてきましたが、"manner"という単語が"礼儀作法"という意味で、会話などで使われている場面に遭遇した記憶はあまりありません。

　では、"manner"という単語は、日常会話でも新聞や雑誌などの記事の中でも出てこないのかというと、もちろんそんなことはありません。むしろ、頻繁に出てくると言った方がいいくらいです。
　それでは、"manner"はいったいどんな意味として出てくるのでしょうか。これも、今までご紹介してきた多くの単語と同じように、"礼儀作法"という第１の意味からは想像できないような意味として使われているのです。まずはその用例をご覧ください。

The company's social responsibility efforts to give back to the community in a meaningful <u>manner</u> have been working just fine.

まず語句から補足しておきますと、"social responsibility efforts" というのは、いわゆる "企業の社会的責任活動" のことです。また、"give back to the community" というのは、"社会にお返しをする"、"社会に還元する" という意味です。

それから、"meaningful" は "有意義な" ということ、"working just fine" は "非常にうまくいっている" という意味になります。

なお、この用例の文章で1つ注意したいのは、主語の部分が非常に長くなっていることです。

すなわち、"The company's ... in a meaningful manner" までが主語で、その後にくる "have been working" が動詞になるわけです。

どんな英文を読んでいるときでも、その文章の主語と動詞が何であるかを見極めることが英文読解の最大の秘訣になります。

さて、前置きが長くなりましたが、"in a meaningful manner" として出てくる "manner" の意味はお分かりになりましたでしょうか。

実は、この "manner" は "way" や、先にご紹介し

た"fashion"と同じく、"やり方"、"方法"という意味なのです。ネイティブ・スピーカーの日常会話の中でも、さらには新聞や雑誌の記事の中でも非常によく使われています。

というわけで、先ほどの用例は、"有意義なやり方で社会還元するというその企業の社会的責任活動は、大変うまくいっている"という意味になるわけです。

A

「有意義な やり方 で社会還元するというその企業の社会的責任活動は、大変うまくいっている」

84
"confidence" = "自信"?

Q 次のconfidenceはどんな意味になるでしょうか。

Patients know that doctors keep their confidences and work for their benefit under whatever circumstances.

ヒント

「患者は医者が患者の_____を守り、どんな状況においても患者の利益を考えて最善を尽くすということを知っている」

解説

　次に取り上げるのは"confidence"という単語です。"confidence"も基本単語の1つであり、みなさんも中学か高校の初めごろに、"自信"という意味の単語として学習されたのではないでしょうか。

　しかし、"confidence"のこの第1の意味だけ覚えていても十分ではありません。"confidence"には、"自信"という第1の意味に勝るとも劣らない重要な第2の意味があるのです。

　さて、それがどんな意味で用いられているのかは、まず下記の用例を見ていただきましょう。"confidence"の第2の意味としての典型的な使われ方です。

Patients know that doctors keep their confidences and work for their benefit under whatever circumstances.

　あまり難しい語句はなさそうですが、1つだけ説明しておきますと、文章の最後に出てくる"**under whatever circumstances**"というのは、"どんな状況下においても"という意味になります。

　文章全体の感じからすると、"医者はどんな状況においても、患者のために最善を尽くすことを知っている"

という意味になるように思われますが、問題は"doctors keep their confidences"をどう解釈するかです。

正解を言うと、この"confidence"は<u>"秘密"、"打ち明け話"</u>という意味なのです。

つまり、前記用例は、"患者は医者が患者の秘密を守り、どんな状況においても患者の利益を考えて最善を尽くすということを知っている"という意味になるわけです。

なお、"confidence"は別の英語で言えば、"secret"，"private affair"，"confidential matter"などに当たりますが、このように"confidence"が"秘密"、"打ち明け話"という意味で使われるときは、多くの場合、"confidences"と複数形になります。

また、"社外秘"、"対外秘"などという意味で"confidential"という印を押された書類などをみなさんもご覧になったことがあるかもしれませんが、そのときの"confidential"はまさにこの"confidence"から派生しているのです。

A

「患者は医者が患者の 秘密 を守り、どんな状況においても患者の利益を考えて最善を尽くすということを知っている」

85
"leadership" = "リーダーシップ"?

Q 次のleadershipはどんな意味になるでしょうか。

He expressed doubt that a bipartisan compromise could be reached because he suspected his party's leadership was intent on repealing the opposition party's signature bill.

ヒント

「彼は超党派の妥協が成立する可能性について疑念を呈した。というのも、彼が所属する政党の＿＿＿＿＿が、野党が成立させた代表的な法案を廃棄することにやっきになっていると疑っていたからだ」

解説

　さて、次は"leadership"という単語を取り上げたいと思いますが、これにも、第2の重要な意味があります。

　今や完全な日本語になった"リーダーシップ"という言葉に、別の意味があるなんて考えられないとおっしゃる方もいるかもしれませんが、意外や意外、実際の生きた英語では、これからご紹介する第2の意味の方がはるかによく使われているのです。

　ただ、そうは言っても、この第2の意味は、"リーダーシップ"という第1の意味からそう隔たっているわけではありません。前置きが長くなりましたが、まずは用例を見ていただくことにしましょう。

He expressed doubt that a bipartisan compromise could be reached because he suspected his party's leadership was intent on repealing the opposition party's signature bill.

　これまでに見てきたほかの用例文に比べると少し難しいかもしれませんので、まず語句について説明しておきましょう。

　最初に出てくる"express"は"表明する"という意味で、"doubt"は"疑い"、"疑念"という意味です。

　"bipartisan compromise"とは"超党派の妥協"、

"suspect"は"疑う"、"intent on"は"〜に熱心である"、"repeal"は"廃棄する"、そして"signature bill"は"代表的（特徴的）な法案"という意味です。

ここまでご説明すると、だいたいの意味はお分かりいただけたと思いますが、あとは"his party's leadership"だけが厄介な部分として残っています。

この"leadership"が"リーダーシップ"という通常の意味でないことは、その後に"was intent on"（〜に熱心だった）という、一般的には、人を主語とする語句が続いていることからもお分かりいただけるかと思います。

そうなのです。実は、この"leadership"は単なる"リーダーシップ"のことではなく、リーダーシップを発揮すべき"指導者たち"、"リーダーたち"、"幹部たち"のことを言っているのです。

このように書くと、"指導者"という意味でみなさんもよくご存じの"leader"とこの"leadership"は同じなのかという疑問を感じられる方もいらっしゃるかもしれません。

正解を言いますと、"leader"と"leadership"は同じではありません。では、両者の違いは何かと言いますと、"leader"という単語は一人ひとりの"指導者"個人のことを意味するのに対して、"leadership"という単語はそうした"leader"たちを1つの集合体としてとらえたものを意味しているという違いがあるのです。

このように、"**leadership**"が"指導者たち"、"幹部たち"という人間の意味で使われることは非常に多く、むしろ、一般的な"リーダーシップ"という意味よりもはるかに頻出していると言っても過言ではありません。

　というわけで、前記の用例は、"彼は超党派の妥協が成立する可能性について疑念を呈した。というのも、彼が所属する政党の幹部たちが、野党が成立させた代表的な法案を廃棄することにやっきになっていると疑っていたからだ"という意味になるのです。

A

「彼は超党派の妥協が成立する可能性について疑念を呈した。というのも、彼が所属する政党の __幹部たち__ が、野党が成立させた代表的な法案を廃棄することにやっきになっていると疑っていたからだ」

86
"democracy" = "民主主義"?

Q 次のdemocracyはどんな意味になるでしょうか。

The longer a <u>democracy</u> lasted, Plato argued, the more democratic it would become. Its freedoms would multiply and its equality would spread.

 ヒント

「プラトンは、＿＿＿＿＿＿というのは長く継続すればするほどより民主的になる。そして自由が栄え、平等が広がると主張した」

解説

　次に取り上げるのは"democracy"という単語です。みなさんの中にはどうしてこんな意味の分かりきったような単語を取り上げるのかと、不思議に思われる方もいらっしゃるかもしれません。

　"democracy"と言えば、"民主主義"に決まっているではないかというお叱りの声が聞こえてきそうです。

　ところが、そう単純な話でもないのです。前記の"leadership"と同じように、"democracy"についても、"民主主義"という原義からそんなに離れているわけではないのですが、これには重要な第2の意味があるのです。

　では、"democracy"には"民主主義"以外に、いったいどんな意味があるのでしょうか。下記に用例をお示ししますので、少し考えてみてください。

　注意していただきたいのは、用例中の"democracy"が"a democracy"となっていることです。"民主主義"という概念の意味であれば、"a democracy"とはならないはずですよね。

The longer a <u>democracy</u> lasted, Plato argued, the more democratic it would become. Its freedoms would multiply and its equality would spread.

いかがでしょうか。まず、語句から説明していきますと、"last"は"続く"、"Plato"はギリシャの哲学者の"プラトン"のことです。

　それから、"multiply"は"増殖する"、"spread"は"広がる"という意味です。また、"The longer ..., the more ..."は"～すればするほど～だ"という意味の有名な構文ですね。

　さて、残る問題は"a democracy"の意味だけですが、これが"民主主義"という意味でないことは先ほども申し上げたとおりです。

　実は"a democracy"というのは、"民主主義国家"、"民主社会"という意味なのです。"民主主義"という意味であれば"a"はつきませんが、"民主主義国家"や"民主社会"であれば、逆に"a"が必要になってくるのです。

　というわけで、前記の用例は、"プラトンは、民主社会というのは長く継続すればするほどより民主的になる。そして自由が栄え、平等が広がると主張した"という意味になるわけです。

A

「プラトンは、　民主社会　というのは長く継続すればするほどより民主的になる。そして自由が栄え、平等が広がると主張した」

87
"economy" = "経済"?

Q 次のeconomyはどんな意味になるでしょうか。

Agriculture is the backbone of every country. That's where the jobs are, and you build an economy on that.

 ヒント

「どんな国にとっても、農業が国の支えである。まさにそこにこそ仕事があるのであり、それをもとにして＿＿＿＿＿＿を構築していくべきだ」

解説

　次は"economy"という単語を取り上げたいと思いますが、これもまたみなさんよくご存じの"経済"という意味ばかりで使われているわけではありません。

　たしかに、英語で"日本経済"のことは"Japanese economy"であり、"世界経済"のことは"world economy"と言いますので、"economy"が"経済"という意味を持っていることは間違いありません。

　ところが、"economy"も前項の"democracy"と同じように、単なる"economy"ではなく、"an economy"となる場合があるのです。

　それでは、"economy"と"an economy"はどう違うのでしょうか。

　次に" an economy"の典型的な用例を示しますので、それがどういう意味で用いられているのか、少し考えてみてください。

Agriculture is the backbone of every country. That's where the jobs are, and you build an <u>economy</u> on that.

　"backbone"は"背骨"のことで、より一般的に言えば、何かの支えになるもののことです。

　"That's where the jobs are"というのは、非常に英語

的な表現の仕方で、"仕事があるのはまさにそこだ"という意味です。

実際、"That's where ...", "That's something ...", "That's what ..."などといった言い方は、アメリカ人の日常会話でも、また英字新聞や雑誌の中でも頻出しています。

日本人にはなかなか使いこなせない言い方ですが、逆に言えば、こうした言い方ができるようになれば、相当高いレベルの英語力が身についている証拠だと言えます。

さて、前置きが長くなりましたが、"an economy"の意味について、正解を申し上げますと、これは単なる"経済"という意味ではなく、"経済組織としての国家"、"経済システム"という意味になるのです。

というわけで、前記の用例は、"どんな国にとっても、農業が国の支えである。まさにそこにこそ仕事があるのであり、それをもとにして国の経済システムを構築していくべきだ"という意味になるわけです。

A

「どんな国にとっても、農業が国の支えである。まさにそこにこそ仕事があるのであり、それをもとにして　国の経済システム　を構築していくべきだ」

88
"competition" = "競争"?

Q 次のcompetitionはどんな意味になるでしょうか。

The supermarket works very hard to beat any competition before the competition gets a chance to mount a significant challenge in the marketplace.

 ヒント

「そのスーパーは_____が市場で重大な挑戦を仕掛けてくるチャンスを得る前に、叩きつぶしてしまおうと必死に努力している」

解説

　今度は"competition"という単語を取り上げます。"competition"については、すぐに"競争"という意味を思い浮かべる方が多いのではないかと思います。

　すでに"コンペティション"は日本語になっていますし、最近では、それを略した"コンペ"という言葉もよく耳にするようになりました。このように、"competition"＝"競争"という等式は、今では私たちの頭の中に深く刻み込まれています。

　ところが、この"competition"についても、"競争"という意味しか知らないと、英文を読んでいても理解できない場合が出てきます。

　というのも、"competition"には"競争"という意味以外に、もう1つの重要な意味があるからです。

　もっとも、そうはいっても、この第2の意味も、先にご紹介した"democracy"や"economy"と同じく、第1の意味と大いに関係があります。では、"competition"の第2の意味とは、いったい何なのでしょうか。

The supermarket works very hard to beat any competition before the competition gets a chance to mount a significant challenge in the marketplace.

まず語句から簡単にご説明しておきますと、"beat"は"破る"、"打ち勝つ"という意味です。それから、"mount a significant challenge"というのは、"重大な挑戦をする"という意味になります。

　なお、みなさんの中には、どうしてここで"登る"という意味の動詞の"mount"が使われているのか、不思議に思う方がいらっしゃるかもしれません。

　たしかに合理的に考えれば、"mount a challenge"という言い方はおかしいのですが、昔から英語ではこれで"挑戦する"という意味の1つの決まった言い方になっているのです。

　こうした英語の決まった言い方のことを"コロケーション"と呼びますが、"mount a challenge"以外にも、"place an order"（注文する）、"raise money"（資金調達する）、"wear perfume"（香水をつける）などといったさまざまなコロケーション表現があります。こうしたコロケーション表現は合理的に考えても時間のムダであり、英語ではこういう決まった言い方をするのだとあきらめて、覚えるしかありません。

　さて、用例に戻りますと、"competition"という単語が2つ出てきますが、特に2つ目の"competition"の後に"gets a chance"と続いていることに注目してください。

　"gets a chance"できるのは基本的に人だけであり、

"競争"という"概念"が"gets a chance"することはできないはずです。

　ここまで言うと、もうお分かりの方もいらっしゃると思いますが、実は、この"competition"は単なる"競争"という意味ではなく、"競争相手"、"ライバル"という意味なのです。
　別の英語で言えば、"competitor"です。

　というわけで、前記の用例は、"そのスーパーは競争相手が市場で重大な挑戦を仕掛けてくるチャンスを得る前に、叩きつぶしてしまおうと必死に努力している"という意味になるわけです。

A

「そのスーパーは　競争相手　が市場で重大な挑戦を仕掛けてくるチャンスを得る前に、叩きつぶしてしまおうと必死に努力している」

89
"mannerism" = "マンネリ"?

Q 次のmannerismはどんな意味になるでしょうか。

> If we adopt their <u>mannerisms</u> and quirks too much, we may lose our own identity.

ヒント

「もし私たちが彼らの＿＿＿＿＿＿をあまりに取り入れてしまえば、自分たちのアイデンティティを失ってしまうかもしれない」

解説

　これもすでに日本語として定着していますが、物事が型にはまってしまったり、ワンパターンになってしまうことを「マンネリに陥る」と言います。
　そのもとになっている英語は"mannerism"ですが、残念ながら、日本語の"マンネリ"という意味でこの単語が使われることはほとんどありません。

　もともと、英語の"mannerism"は芸術、文学、演劇などで使われていた言葉で、型にはまった手法や様式に固執する態度を意味していました。
　しかし、実際の英語における"mannerism"は、日本語の"マンネリ"という意味で使われることはほとんどありませんし、前記のような芸術的な意味で使われることも今はそれほど多いわけではありません。
　そうした意味よりも、"mannerism"にはもっと頻繁に使われる、より一般的な意味があるのです。まずは、その用例をご覧いただきましょう。

If we adopt their mannerisms and quirks too much, we may lose our own identity.

　まず語句について簡単にご説明しておきますと、"adopt"は"〜を採用する"、"〜を取り入れる"とい

う意味です。

それから、"quirks"は、個人に特有の"奇妙な癖"や"特異な行動"のことです。

そのほかの語句はそれほど難しくないと思いますが、問題は"mannerism"です。少なくともこの文章で"mannerism"が日本語の"マンネリ"という意味で使われていないことは、みなさんもお分かりいただけるかと思います。

実は、この"mannerism"は"個人の言動の癖"のことなのです。つまり、先にご説明した"quirk"とほぼ同じ意味で、"mannerisms and quirks"は同じ意味のことを違う単語で言い連ねているわけです。

このように、英語ではほぼ同じ意味のことを別の単語や語句で言い換えることが極めて多く、英語修辞法の大きな特徴の１つになっています。

というわけで、用例は、"もし私たちが彼らの言動の癖をあまりに取り入れてしまえば、自分たちのアイデンティティを失ってしまうかもしれない"という意味になるわけです。

「もし私たちが彼らの　言動の癖　をあまりに取り入れてしまえば、自分たちのアイデンティティを失ってしまうかもしれない」

90
"optics" = "光学"?

Q 次のopticsはどんな意味になるでしょうか。

> One of the biggest failures of the company's CEO was that he apparently did not understand the optics of the situation.

ヒント

「その企業のCEOの最大の失敗の1つは、当時の状況が_____理解できていなかったらしいことである」

解説

　次に取り上げるのは"optics"という単語ですが、最近アメリカでは、会話の中でも文章の中でも非常によく目につくようになりました。一種の流行語と言ってもいいくらい、頻繁に目にします。

　私たち日本人にとって、もともと"optics"はそれほどなじみのある単語ではありません。通常、"optics"は光について研究する"光学"のことを意味しています。みなさんの中でも、理系の大学や大学院に進まれた方には、おなじみの単語かもしれません。

　もちろん、実際の英語でも"optics"は"光学"という学問の意味で使われているのですが、最近はそれとはまったく違う意味で使われているのです。

　では、どういう意味で使われているのでしょうか。いつものように用例をご覧いただくことにしましょう。

One of the biggest failures of the company's CEO was that he apparently did not understand the optics of the situation.

　念のため語句の意味を書いておきますと、"failure"は"失敗"、また、CEOは"Chief Executive Officer"のことで、企業などの"最高経営責任者"のことです。

　それから、"apparently"は"明らかに"という意味

で覚えた方が多いと思いますが、実際の英語では"見聞きしたところ、〜のようだ"、"どうも〜らしい"という意味で使われています。

　残るは、"the optics"の意味をどう解釈するかですが、これが"光学"という意味でないことは文意からも明らかだと思います。
　正解は、この"optics"は人の言動や事件が世間の目にどう映るか（perceived by the public）ということに最大の焦点を置いた、その場の"雰囲気"や"状況"という意味なのです。
　このような意味での"optics"は、当初は政治家の言動や政治イベントなどについて使われたのですが、今では政治に限らず、あらゆることにこの単語が使われています。

　というわけで、先の用例は、"その企業のCEOの最大の失敗の1つは、当時の状況が世間の目にどう映るか理解できていなかったらしいことである"という意味になるわけです。

「その企業のCEOの最大の失敗の1つは、当時の状況が　世間の目にどう映るか　理解できていなかったらしいことである」

91
"function" = "機能"?

Q 次のfunctionはどんな意味になるでしょうか。

A formal <u>function</u> of this kind requires absolute knowledge of the correct thing to wear, to say, to do.

 ヒント

「この種の公式＿＿＿＿＿においては、どんなものを着ていったらいいのか、何を話したらいいのか、どんな行動をすべきなのか、といったことについての正しい知識が絶対に必要である」

解説

　私は長年、総合商社に勤めてきましたが、私が入社したころによく聞いたのが、今回取り上げる"function"という単語です。

　具体的に言うと、当時の私の先輩たちは、総合商社の仕事について、"ファンクションのないところに仕事はない"とつねに言っていたのです。

　つまり、自分たちに、果たすべき何らかの"ファンクション"="機能"がなければ、仕事はもらえない、ビジネスは長続きしない、ということを言っていたわけです。これは、今の言葉でいえば、"付加価値"と言い換えることができるかもしれません。

　もちろん、これは考えてみれば当たり前の話で、何の機能も役割も果たせないのに、ビジネスをさせてもらえるはずがありません。それ以来、私は社外でも社内でも"何らかのファンクションを果たす"ことを目標にしてきました。

　こうしたこともあり、"function"="機能"という等式が、長い間、私の頭の中でも完全に定着していました。ところが、その後、いろんな英文を読んだりしていますと、"function"の意味を"機能"と考えていては理解できないような英文にたびたび出会うようになりました。

たとえば、次のような例文です。

A formal function of this kind requires absolute knowledge of the correct thing to wear, to say, to do.

まず、用例の語句を簡単にご説明しておきましょう。"require"は"〜を要求する"、"〜を必要とする"という意味で、"absolute knowledge of"は"〜に関する絶対的な知識"という意味です。

さて、残るは"function"の意味ですが、お分かりになりましたでしょうか。正解を申し上げると、この"function"は"機能"という意味とはまったく関係がなく、"会合"、"式典"、"催し"といった意味なのです。

つまり、先ほどの用例は、"この種の公式会合においては、どんなものを着ていったらいいのか、何を話したらいいのか、どんな行動をすべきなのか、といったことについての正しい知識が絶対に必要である"という意味になるわけです。

A

「この種の公式 会合 においては、どんなものを着ていったらいいのか、何を話したらいいのか、どんな行動をすべきなのか、といったことについての正しい知識が絶対に必要である」

92
"element" = "要素"?

Q 次のelementはどんな意味になるでしょうか。

> Donald Trump was in his element in the swirl of pink marble and gold plating that is the lobby of Trump Tower.

 ヒント

「ドナルド・トランプはピンク色の大理石と金メッキで飾られたトランプタワーのロビーの喧騒の中にいて＿＿＿＿＿＿＿だった」

解説

　次は"element"という単語を取り上げたいと思います。"エレメント"というと、車の好きな方などは、オイルの濾過器のような役割を果たす"オイルエレメント"のことを、また化学の好きな方などは"元素"のことを思い出されるかもしれません。

　あるいは、ギリシャ哲学などに興味がある人の中には、"エレメント"といえば、地（earth）、風（air）、火（fire）、水（water）という宇宙の基本構成要素である"四大元素"のことを思い出す方もいらっしゃるかもしれません。

　このように、"エレメント"といっても、人によっていろんなことが想像されると思いますが、一般的には、英語の"element"＝"要素"という意味で覚えている方が多いと思います。

　しかし実際の英語では、"要素"という一般的に知られた意味とは違った意味で用いられることが大変多くなっているのです。

Donald Trump was in his element in the swirl of pink marble and gold plating that is the lobby of Trump Tower.

(Los Angeles Times, 2017/1/11)

　これは、アメリカのトランプ大統領が、彼の本拠地で

あるニューヨーク五番街のトランプタワーではしゃいでいる様子を描写したものです。

まず簡単に語句をご説明しておきますと、"swirl"とは"渦"のことで、"in the swirl of"で、"〜の喧騒の中で"といった意味になります。

それから、"pink marble and gold plating"とは、"ピンク色の大理石と金メッキ"のことで、トランプタワーのロビーがこの2つでけばけばしく飾られていることを言っています。

ということで、あと残るは"in his element"の意味をどう理解するかです。トランプは"彼の要素の中"にあったとは、いったいどういう意味なのでしょうか。実は、これは"楽しんでいる"、"得意になっている"、"水を得た魚のようになっている"、"本領を発揮している"といった意味なのです。

したがって、用例は、"ドナルド・トランプはピンク色の大理石と金メッキで飾られたトランプタワーのロビーの喧騒の中にいて得意満面だった"という意味になるわけです。

A

「ドナルド・トランプはピンク色の大理石と金メッキで飾られたトランプタワーのロビーの喧騒の中にいて　得意満面　だった」

93
"chance" = "機会"?

Q 次のchanceはどんな意味になるでしょうか。

If a child has the disease, there is a great <u>chance</u> that it is interfering with your child's natural function and causing discomfort or even pain.

ヒント

「もし子どもがその病気にかかっているならば、子どもが持って生まれた自然の機能を阻害し、不快感をもたらし、場合によっては苦痛をもたらす＿＿＿＿が高い」

解説

　次は"chance"という単語を取り上げます。"絶好のチャンス"、"願ってもないチャンス"など、"チャンス"という言葉は"機会"や"好機"を意味する言葉として、今や完全に日本語になっています。
　おそらく、みなさんの多くも、"chance"＝"機会"と覚えておられるのではないかと思います。
　ところが、実際の英語では、この"chance"も"機会"や"好機"以外の意味で用いられることの方が非常に多いのです。
　では、どんな使われ方をしているのか、まずは次の用例をご覧いただきましょう。

If a child has the disease, there is a great <u>chance</u> that it is interfering with your child's natural function and causing discomfort or even pain.

　語句について少しだけ説明しておきますと、"interfere with"は"〜を邪魔する"、"〜を妨害する"という意味で、"discomfort"は"不快感"、"不快症状"という意味です。
　また、先に取り上げた"function"がここでも出てきますが、これは普通の"機能"という意味です。
　ということで、問題は"there is a great chance"の

部分ですが、全体の文意から、この"chance"が"機会"や"好機"という意味でないことはお分かりいただけるかと思います。

用例の大意は、"もし子どもがその病気にかかっているならば、子どもが持って生まれた機能を阻害するチャンスがある"ということですので、この"チャンス"が"機会"や"好機"という意味では文意が通じませんよね。

それもそのはずで、実はこの"chance"は"可能性"という意味なのです。ほかの英語でいうと、"possibility"がそれに近いと言えるでしょう。

アメリカの天気予報を見ていると、よく今日は"a chance of rain"とか"a chance of snow"などと言っていますが、これは"雨（雪）が降る可能性がある"という意味なのです。

ということで、前記の用例は、"もし子どもがその病気にかかっているならば、子どもが持って生まれた自然の機能を阻害し、不快感をもたらし、場合によっては苦痛をもたらす可能性が高い"という意味になるわけです。

A

「もし子どもがその病気にかかっているならば、子どもが持って生まれた自然の機能を阻害し、不快感をもたらし、場合によっては苦痛をもたらす　可能性　が高い」

94
"item" = "アイテム"?

Q 次のitemはどんな意味になるでしょうか。

The pair have been an <u>item</u> for months, we're told, but it was a recent public event that had people wondering about their status.

 ヒント

「その二人がここ数か月、＿＿＿＿＿＿＿にあることは私たちも知ってはいたが、二人がそうした関係にあることを一般の人も感じるようになったのは、最近のある公式行事においてのことであった」

解説

"〜は受験生の必須アイテムになっている"とか、あるいは"自分が探しているアイテムがない"などといった言い方がされるように、"アイテム"というカタカナ日本語も、今や私たちに非常になじみ深いものになっています。

そんな"アイテム"のもとになっているのは、言うまでもなく、英語の"item"ですが、これにも"アイテム"という普通の意味以外で使われる意味があります。

ちょっと思いつきにくいかもしれませんが、それがどんな意味で用いられているか、まずは次の用例をご覧ください。

なお、用例はアメリカ大リーグ、ボルチモア・オリオールズの往年の名選手であったカル・リプケンに関する、ワシントン・ポスト紙の記事から取りました。

長年連れ添ってきた妻と数年前に離婚したリプケンが、ある女性と付き合っていることに触れた記事です。

The pair have been an <u>item</u> for months, we're told, but it was a recent public event that had people wondering about their status.

(Washington Post, 2017/5/24)

この"item"の意味がお分かりになりましたか？　文章の語句について特に難しいものはないと思いますが、1つだけ注意したいのは、文章の最後に出てくる"status"の意味です。

　この"status"については、先に本章の中でもご説明したように、通常の"地位"という意味ではなく、"状況"という意味ですのでご注意ください。

　さて、あと残る難題は"item"の意味ですが、実はこれは、相思相愛の"熱々カップル"という意味なのです。

　つまり、ほかの言い方をすれば、"a couple in a romantic or sexual relationship"ということです。

　ということで、前記の用例は、"その二人がここ数か月、熱々の関係にあることは私たちも知ってはいたが、二人がそうした関係にあることを一般の人も感じるようになったのは、最近のある公式行事においてのことであった"という意味になるわけです。

A

「その二人がここ数か月、___熱々の関係___にあることは私たちも知ってはいたが、二人がそうした関係にあることを一般の人も感じるようになったのは、最近のある公式行事においてのことであった」

95
"kick" = "蹴る"？

Q 次のkickはどんな意味になるでしょうか。

> He is completely passionate about his job which he's been doing for more than two decades and is still getting a kick out of it.

💡 **ヒント**

「彼は20年以上にもわたってやってきたその仕事に本当に熱心に取り組んでおり、今なおその＿＿＿＿＿＿を大いに楽しんでいる」

解説

　次は"kick"という単語です。"kick"と聞けば、通常はボールなどを"蹴る（こと）"という意味をすぐに思い浮かべる方がほとんどではないでしょうか。

　特にサッカーファンの方にとっては、"フリーキック"、"コーナーキック"、"ペナルティキック"など、サッカーの試合でおなじみの言葉が多く、"kick"＝"蹴る"と理解されている方が多いと思います。

　もちろん、実際の英語でも"kick"は"蹴る"という意味で使われており、みなさんの理解は正しいのですが、"kick"にはこれ以外に、日常の会話でも新聞、雑誌の記事でも非常によく使われるもう1つの意味があるのです。

　では、それはいったいどんな意味なのでしょうか。1つヒントを差し上げるとすると、かりにみなさんが誰かに蹴られた場合を考えてみてください。

　蹴られると当然"痛い"と感じると思いますが、そうした"痛い"といった感覚のことを一般的に表現する場合、何と言ったらいいでしょうか？

　前置きが長くなりました。まずは用例をご覧ください。

He is completely passionate about his job which he's been doing for more than two decades and is

still getting a kick out of it.

　文章の語句については比較的やさしいものばかりだと思いますが、難関は最後の"getting a kick out of it"という部分です。

　言うまでもありませんが、文意から考えて、この"kick"が通常の"蹴る"という意味でないことは明らかですね。

　だとすると、この"kick"はどういう意味と理解したらいいのでしょうか。私は先ほどヒントとして、蹴られたときに感じる"痛い"といった感覚を、一般的に何と表現するかと言いましたが、何か思いつきましたか？

　勘の良い方はお分かりかもしれませんが、実はこの"kick"は"刺激"、"興奮"、"スリル"といった意味なのです。蹴られることは一種の刺激であり、興奮材料（？）にもなりますよね。

　ということで、前記用例は、"彼は20年以上にもわたってやってきたその仕事に本当に熱心に取り組んでおり、今なおその刺激を大いに楽しんでいる"という意味になるわけです。

A

「彼は20年以上にもわたってやってきたその仕事に本当に熱心に取り組んでおり、今なおその　刺激　を大いに楽しんでいる」

96 "idea" = "アイデア"?

Q 次のideaはどんな意味になるでしょうか。

> It was unclear who first proposed the secret communications channel, but the idea was for Mr. Flynn to speak directly with a Russian military official.

 ヒント

「誰が最初にその秘密の情報チャンネルを提案したのか不明だが、その＿＿＿＿＿＿はフリン氏がロシアの軍人と直接話をするということであった」

解説

　さて、次に取り上げるのは"idea"という単語です。"idea"も"アイデア"というカタカナ日本語として、今や知らない人などいないくらいで、通常は、"考え"、"着想"、"思いつき"などといった意味で使われています。

　英語の"idea"も、基本的には日本語と同じ意味で使われています。みなさんもよくご存じのように、アメリカの首都・ワシントンには、国内外の課題や公共政策について研究し、政策提言を行う数多くのシンクタンクがあります。

　メディアはこうしたシンクタンクのことを、よく"アイデア・ファクトリー"（アイデア工場）と呼びますが、このように呼ばれるときの"アイデア"は、まさに日本語の"アイデア"と同じ意味です。

　しかしながら、英語の"idea"には、これ以外に非常によく使われるもう１つの重要な意味があるのです。しかも、それは本当によく使われており、通常の"アイデア"という意味よりもはるかに多く使われていると言っても過言ではありません。

　では、それはいったいどんな意味なのでしょうか。下記の用例をご覧ください。なお、この用例は、一時トランプ政権の"ロシアゲート疑惑"として、大きなスキャンダルになった事件に関する記事から取りました。

It was unclear who first proposed the secret communications channel, but the idea was for Mr. Flynn to speak directly with a Russian military official. (New York Times, 5/27/2017)

　この文章にも特に難しい語句はないと思いますが、問題は "**the idea was**" という部分です。実際、この "**the idea is (was)**" という言い方は非常によく使われていますが、これが普通の "アイデア" という意味でないことはお分かりいただけるかと思います。

　実はこの "**idea**" は "目的"、"意図"、"狙い" という意味なのです。つまり、"**the idea is 〜**" で、"その目的は〜ということだ" という意味になるわけです。

　実際、アメリカ人は本当にこの表現をよく使いますので、この機会にぜひ覚えていただければと思います。

　というわけで、前記の用例は、"誰が最初にその秘密の情報チャンネルを提案したのか不明だが、その狙いはフリン氏がロシアの軍人と直接話をするということであった" という意味になるわけです。

A

「誰が最初にその秘密の情報チャンネルを提案したのか不明だが、その　狙い　はフリン氏がロシアの軍人と直接話をするということであった」

97
"establishment" = "設立"?

Q 次のestablishmentはどんな意味になるでしょうか。

> The dimly lit establishment located about three blocks from the State Department has long had a sports-bar atmosphere.

「国務省から3ブロック離れたところにあるその薄暗い＿＿＿＿＿＿＿＿は、昔からスポーツバーのような雰囲気があった」

解説

　"establishment" という単語を聞くと、通常は"設立"や"創設"といった意味を思い出す方が多いでしょう。

　もちろん、その理解で間違いではないのですが、残念ながら、"establishment" についても、この第1の意味だけを覚えていては、新聞や雑誌の記事を十分に読みこなすことはできません。

　では、"establishment" がこれ以外にどのような意味で使われているのか、いつものようにまずは用例をご覧いただきたいと思います。

　なお、この "establishment" の意味については、みなさんがよくご存じの第1の意味からそれほどかけ離れているわけではありません。

　"設立"や"創設"という概念的な第1の意味を、具体的なものへともう少し拡大していくと、第2の意味が見えてきます。

The dimly lit establishment located about three blocks from the State Department has long had a sports-bar atmosphere.

　これまでの用例より若干難しい語句がありますので、まずそれについて説明しておきますと、"dimly lit "とい

うのは、"薄暗い明かりの"、"ほのかな明かりの"という意味です。

また、"located"は"〜に位置する"という意味で、その前の"establishment"を修飾しています。

"State Department"というのは"国務省"のことで、日本で言えば外務省に相当する役所です。"atmosphere"は"雰囲気"という意味です。

以上でだいたい語句の意味はお分かりいただけたかと思いますが、この"establishment"の意味は、前記のとおり、"設立"や"創設"という第1の意味からそう隔たっているわけではありません。

その意味を理解するうえで注意したいのは、先ほども触れた"located"という単語です。

ご説明したように、"located"は"〜に位置する"という意味で、"establishment"を後ろから修飾しているわけですから、この"establishment"は"設立"や"創設"というような"概念"ではなく、どこかに"位置している"何か具体的な"モノ"ということになります。

そうなのです。実はこの"establishment"は、"商店"や"店舗"、さらにはホテルなどの"施設"のことを意味しているのです。

実際、"小売店舗"のことは"retail establishment"、レストランなどのことは"food establishment"などと言ったりします。

というわけで、前記の用例は、"国務省から3ブロック離れたところにあるその薄暗い店は、昔からスポーツバーのような雰囲気があった"という意味になるわけです。

A

「国務省から3ブロック離れたところにあるその薄暗い__店__は、昔からスポーツバーのような雰囲気があった」

98
"image" = "イメージ"?

Q 次のimageはどんな意味になるでしょうか。

> The newspaper said that the images and information contained in its reports were neither graphic nor disrespectful of the victims of the terrorist attack.

ヒント

「その（テロ事件に関する）報道に含まれた＿＿＿＿＿＿や情報の描写は生々しいものでも、事件の犠牲者を冒瀆するようなものでもなかったと、新聞社は主張した」

解説

　日本語の"イメージ"という言葉は、物や人などについて、主として"心に思い浮かんだ感じや印象"という意味で使われているように思います。

　ところが、英語では、そうした意味で使われることはそれほど多くありません。むしろ、稀にしか使われないと言ってもいいでしょう。

　また、日本語の"イメージ"という言葉には何かはっきりしない、漠然とした"おぼろげ感"のようなものが感じられますが、その一方、英語の"image"は、より明確なものを表現しています。

　では、英語の"image"はいったいどのようなものを意味するのでしょうか。次の用例をご覧いただきたいと思います。

　なお、これは、あるテロ事件に関連して、新聞社がその事件現場の様子を報道したことに関する記事から取りました。

The newspaper said that the <u>images</u> and information contained in its reports were neither graphic nor disrespectful of the victims of the terrorist attack.

　語句について簡単にご説明しておきますと、"contain"

は"含む"、"neither 〜 nor …"は"〜でも…でもない"という意味です。

"graphic"は少し日本語とニュアンスが違うのですが、"生々しい"、"どぎつい"という意味で、"disrespectful"は"respectful"の反意語で、"冒瀆するような"、"無礼な"という意味です。

ここまで語句が理解できると、だいたいの文意はお分かりいただけたのではないかと思いますが、あとは"image"の意味をどう理解するかです。

正解を申し上げると、この"image"は"画像"や"映像"という意味なのです。場合によって、"画像"だったり"映像"だったりするのですが、この文章は新聞社についての話なので"画像"という意味で、より端的に言えば"写真"のことを意味しています。

というわけで、前記の用例は、"その(テロ事件に関する)報道に含まれた写真や情報の描写は生々しいものでも、事件の犠牲者を冒瀆するようなものでもなかったと、新聞社は主張した"という意味になるわけです。

A

「その(テロ事件に関する)報道に含まれた　写真　や情報の描写は生々しいものでも、事件の犠牲者を冒瀆するようなものでもなかったと、新聞社は主張した」

99
"bearing" = "ベアリング"?

Q 次のbearingはどんな意味になるでしょうか。

> The study funded by the government found that the age of mothers had no bearing on the risk for these disorders.

💡 **ヒント**

「政府によって資金援助された研究によると、母親の年齢はこれら病気になるリスクとはまったく＿＿＿＿＿＿がないことが明らかになった」

解説

　"ベアリング"といえば、車輪、歯車、タービンなどを効率よく回転させる機械に不可欠な部品のことを思い浮かべる方がほとんどではないかと思います。

　実際、私自身も、"ベアリング"のもとである英語の"bearing"という単語を英文の中で最初に見たときには、てっきり部品の"ベアリング"のことだと思い、それ以外の意味があるなど思いもよりませんでした。

　ところが、その英文を何度読み返しても、"ベアリング"という意味では文意がまったく通じないのです。怠惰な私は、そのとき辞書を調べることもしなかったのですが、その後もこの"bearing"という単語によく出会いました。

　そして、そのほとんどが下記の用例のように、"have (no) bearing on"という形で出てくることに気づいたのです。

　みなさんも、これが部品の"ベアリング"ではないことはお分かりいただけるかと思いますが、では、いったいどういう意味なのか、お分かりになりますでしょうか。

The study funded by the government found that the age of mothers had no bearing on the risk for these disorders.

さて、いかがでしょうか。まず語句からご説明しておきますと、この"**study**"は"勉強"ではなく、"研究"という意味です。

　また、"**funded by the government**"というのは、"政府によって資金援助された"という意味です。そして、最後の"**disorders**"は、ここでは"病気"、"障害"、"疾患"という意味になります。

　ということで、あと解決すべき問題は"**bearing**"の意味だけですが、前記のとおり、ここでも"**have no bearing on**"という決まった形で出てきていますね。

　実は、この"**bearing**"は"関係"、"関連"、"影響"などという意味なのです。

　ということで、前記の用例は、"政府によって資金援助された研究によると、母親の年齢はこれら病気になるリスクとはまったく関係がないことが明らかになった"という意味になるわけです。

A

「政府によって資金援助された研究によると、母親の年齢はこれら病気になるリスクとはまったく　関係　がないことが明らかになった」

100
"sport" = "スポーツ"?

Q 次のsportはどんな意味になるでしょうか。

I appreciate Tom being such a good <u>sport</u> about paying up the rent for me.

ヒント

「私は、トムが私のために家賃を全額支払ってくれるなど、本当に＿＿＿＿＿＿＿＿であることに感謝している」

解説

　さて、本書でご紹介する英単語も、いよいよこれで最後になりました。最後を飾る単語として取り上げるのは、"sport"という誰でも知っている単語です。

　言うまでもなく、"sport"は"スポーツ"のことであり、日本語ではそれ以外の意味で使われることはありません。ところが、実際の英語では、"sport"は"スポーツ"のことだけではなく、人を描写するときにも大変よく使われているのです。

　では、"sport"は人をどのように描写するときに使われるのでしょうか。まずは、その用例を見ていただきましょう。

I appreciate Tom being such a good <u>sport</u> about paying up the rent for me.

　特に難しい語句はないと思いますが、"pay up"について一言だけ補足しておきます。みなさんもよくご存じのように、"支払う"という意味の英単語には"pay"があるのですが、それと"pay up"では若干意味が違います。すなわち、"pay"は単に"支払う"ことなのですが、それが"pay up"となると、"全額を支払う"とか"残額をすべて支払う"といった意味になるのです。

さて、そういうことで、文章の語句自体は難しくないと思いますが、"sport"の意味だけがどうもよく分からないのではないでしょうか。

　それも当然のことで、実はこの"sport"は"物分かりのいい人"、"さっぱりした気のいい人"、"性格のいい人"という意味なのです。

　そのため、人のことを描写する場合、単に"a sport"ではなく、"a good sport"という言い方をすることがよくあります。

　というわけで、用例は、"私は、トムが私のために家賃を全額支払ってくれるなど、本当にいい人であることに感謝している"という意味になるわけです。

　なお、この"a good sport"について、1つだけみなさんに注意していただきたいことがあります。それは、"a good sport"が男性を評する場合は"気のいい人"という大変肯定的な意味になるのですが、これを女性に使うと、なぜか、男性から見て"遊ぶのにいい女"という大変失礼な表現になることです。ゆめゆめ女性に対しては使わないようにしてください。

A

「私は、トムが私のために家賃を全額支払ってくれるなど、本当に いい人 であることに感謝している」

索引 （単語のアルファベット順）

acting	225
address	111
allow	27
arrest	30
bearing	328
beef	270
betray	23
bromide	261
buy	13
campus	267
carry	48
categorical	194
champion	166
chance	309
check	34
comb	151
competition	293
compromise	20
condemn	87
confidence	280
corner	120
count	60
democracy	287
detail	138
determine	54
develop	81
dispatch	84
doctor	163
economy	290
element	306
employ	57
establish	63
establishment	321
fail	91
fashion	160
file	144
foreign	231
frequent	249
function	303
gather	97
handsome	197
husband	123
idea	318
image	325
item	312
kick	315
labor	264
leadership	283
level	141
liberal	240
literature	258
locate	94

maintain	51	secular	222
manner	276	shy	237
mannerism	297	sick	243
material	179	signature	172
mean	106	sketchy	228
measured	188	smart	246
merit	169	spell	126
negotiate	41	sport	117,331
obscene	200	spot	135
optics	300	status	255
outstanding	216	stiff	234
own	37	succeed	72
partial	213	summary	176
pedestrian	219	swear	69
philosophical	210	take	103
pitch	100	tentative	204
pregnant	207	throw	44
produce	16	train	78
qualified	191	trump	114
railroad	154	weather	129
report	66	wholesale	185
reservation	273		
resign	75		
resort	157		
root	147		
scale	132		

日本人が必ず間違える英単語100

発行日　2018年　9月30日　第1刷

Author	三輪裕範
Book Designer	遠藤陽一（DESIGN WORKSHOP JIN,Inc.）
Publication	株式会社ディスカヴァー・トゥエンティワン
	〒102-0093　東京都千代田区平河町2-16-1　平河町森タワー11F
	TEL　03-3237-8321（代表）
	FAX　03-3237-8323
	http://www.d21.co.jp
Publisher	干場弓子
Editor	藤田浩芳　三谷祐一

Marketing Group

Staff	小田孝文	井筒浩	千葉潤子	飯田智樹	佐藤昌幸
	谷口奈緒美	古矢薫	蛯原昇	安永智洋	鍋田匠伴
	榊原僚	佐竹祐哉	廣内悠理	梅本翔太	田中姫菜
	橋本莉奈	川島理	庄司知世	谷中卓	小木曽礼丈
	越野志絵良	佐々木玲奈	高橋雛乃		

Productive Group

Staff	千葉正幸	原典宏	林秀樹	大山聡子	大竹朝子
	堀部直人	林拓馬	塔下太朗	松石悠	木下智尋
	渡辺基志				

Digital Group

Staff	清水達也	松原史与志	中澤泰宏	西川なつか	伊東佑真
	牧野類	倉田華	伊藤光太郎	高良彰子	佐藤淳基

Global & Public Relations Group

Staff	郭迪	田中亜紀	杉田彰子	奥田千晶	李瑋玲
	連苑如				

Operations & Accounting Group

Staff	山中麻吏	小関勝則	小田木もも	池田望	福永友紀
Assistant Staff	俵敬子	町田加奈子	丸山香織	井澤徳子	藤井多穂子
	藤井かおり	葛目美枝子	伊藤香	鈴木洋子	石橋佐知子
	伊藤由美	畑野衣見	井上竜之介	斎藤悠人	平井聡一郎
	宮崎陽子				

Proofreader	渡邉淳　文字工房燦光
DTP	朝日メディアインターナショナル株式会社
Printing	三省堂印刷株式会社

- 定価はカバーに表示してあります。本書の無断転載・複写は、著作権法上での例外を除き禁じられています。インターネット、モバイル等の電子メディアにおける無断転載ならびに第三者によるスキャンやデジタル化もこれに準じます。
- 乱丁・落丁本はお取り替えいたしますので、小社「不良品交換係」まで着払いにてお送りください。
- 本書へのご意見ご感想は下記からご送信いただけます。
  http://www.d21.co.jp/contact/personal

ISBN978-4-7993-2363-2
©Yasunori Miwa, 2018, Printed in Japan.